POUR L'AMOUR D'UN STRADIVARIUS

PIERRE AMOYAL

POUR L'AMOUR D'UN STRADIVARIUS

ROBERT LAFFONT

ISBN 2-221-09473-5

À Camille
Claire
Caroline
et David

« Tu connaîtras la gloire et le désastre, mais un véritable artiste ne se soucie ni de l'une ni de l'autre. »

Jascha Heifetz

Avant-propos

Je ne sais pas si le diable joue du violon, comme on le dit parfois, mais s'il en joue, c'est sur un stradivarius. Fort de cette certitude, j'en ai tiré les conséquences à un âge où d'autres en sont encore à batailler, pour le maîtriser, avec ce diable d'instrument.

La passion que met un musicien à évoquer son outil de travail est souvent jugée excessive par les mélomanes pondérés et les esthètes de salon. On trouve surprenant qu'un concertiste s'endette pour pouvoir jouer une flûte en or massif ou faire vibrer les cordes d'un stradivarius, d'un amati ou d'un guarnerius del gesù. Les pianistes, eux, n'ont pas ce genre de problème : le virtuose pourra s'attacher à son piano d'étude, il lui faudra bien, le jour du concert, s'accommoder du Steinway ou du Boesendorfer prévu par les organisateurs, même s'il en estime la sonorité sèche ou la pédale molle.

Jeune artiste à l'orée d'une carrière que mes maîtres jugeaient prometteuse, je désirais, désirais ardemment, un violon, et qu'il fût mien. C'était un stradivarius de 1717 – époque faste entre toutes pour le maître de Crémone –, nommé Kochanski, du nom de l'illustre virtuose polonais qui le joua au début du siècle dernier. Pour le posséder, je travaillai durant de longues années. Et quand enfin, toutes dettes payées, j'en devins le compagnon incontesté, il me fut ravi lors d'un séjour en Italie par des malfrats et disparut quatre longues années des salles de concert et de l'histoire de la musique.

Ce livre n'aurait pas vu le jour sans le désir et la volonté de Charles Ronsac. Je l'ai rencontré au début de l'année 2001, quelques mois avant sa mort, à Paris, dans un restaurant de la rue Marbeuf où il avait ses habitudes. Avec le romancier Max Genève, qu'il avait convaincu de s'associer au projet, nous étions sous le charme. Il allait sur ses quatre-vingt-treize ans avec un sourire, des manières de jeune homme. Il était frêle et pas bien haut, cependant une incroyable énergie émanait de lui. Il y avait, dans la douceur de sa voix, dans l'expression de son visage, quelque chose d'enfantin, de malicieux, comme chez quelqu'un qui vient de jouer un bon tour – par exemple à cette triste catégorie de l'*émérite*, qu'il avait, une fois pour toutes, rayée de son existence. C'était le genre d'homme qui semble avoir conclu avec la vie un pacte si fort et si plaisant qu'on finit par le croire indestructible.

Charles aura, de ce récit, lu et annoté les premières pages. La suite, il en prendra connaissance d'une façon ou d'une autre, nous le savons.

1

Le rapt

Avril 1987

Je n'ai pas le temps de distinguer son visage, en partie caché par des cheveux bruns bouclés assez longs. Ce que je vois, en revanche, c'est que l'individu est au volant de ma Porsche et qu'il démarre en trombe, emportant avec lui le Kochanski, mon bien le plus précieux, le violon qui ne me quitte jamais, mon complice, mon ami, mon amour, mon stradivarius. Et je reste seul devant l'hôtel, frappé de stupeur, pétrifié, anéanti, comme si je me vidais de mon sang et que j'allais mourir sur place.

Lorsque je me repasse le film des événements, je vois bien l'enchaînement de circonstances, la petite seconde d'inattention qui m'ont conduit, moi d'habitude si vigilant, à commettre l'erreur fatale. On a raconté un certain nombre de bêtises dans les journaux et les magazines. Je me serais arrêté piazza Garibaldi pour acheter des cigarettes. C'est mal me connaître : sportif, je cours le marathon, joue au tennis, n'ai jamais fumé de ma vie ! On a écrit aussi que le malfrat m'aurait bousculé et jeté à terre pour m'arracher les clefs de la Porsche. C'est faux.

J'arrive devant l'hôtel au volant de ma voiture. Ne trouvant pas de place pour me garer, je me mets en double file, le temps d'organiser mes affaires. J'ai mon instrument à la main et me précipite dans le hall, où m'attendent mes bagages. Je pose mon blouson sur un sac et, par-dessus, les clefs de la voiture. Je n'ai toujours pas lâché le violon.

Les Porsche sont de belles mécaniques, mais pour les bagages, il existe mieux. Le coffre sous le capot avant est tout petit, et la banquette arrière plutôt étroite. J'ai plusieurs sacs à caser, ainsi que mon instrument. À tout seigneur tout honneur, je m'occupe d'abord de mon ami Kochanski, que j'installe à l'arrière. Je reviens dans le hall de l'hôtel, prends mon blouson, cherche mes clefs et cours à la voiture, croyant les avoir laissées à l'intérieur.

Un oubli, un moment de distraction, une aubaine pour l'homme qui me suivait sans doute depuis des heures. Il s'est emparé agilement des clefs avant de sauter dans la voiture et de démarrer en trombe. Tout cela sous mes yeux. Je hurle à l'intention du réceptionniste :

— Police ! Police !

J'ai la conscience vive du drame qui vient de se dérouler et de mon impuissance. L'homme a agi avec une rapidité foudroyante.

Sur le coup, je ressens comme un vide immense où je sombre. Je suis debout devant cet hôtel, tétanisé, et je vois mon violon partir. Oui, mon corps se vide de tout, cœur, poumons, estomac, tout s'en va. Je ne sais pas ce que l'on ressent quand on meurt – l'expérience est à sens unique et en général on n'en revient pas –, je suppose que ce doit être à peu près cela. En tout cas, je ne suis pas surpris d'éprouver un sentiment aussi violent, tant est forte ma passion pour ce violon.

Ce 15 avril 1987 est un mercredi. Le week-end de Pâques s'annonce magnifique, le printemps se décide enfin à nous rejoindre, pas un nuage à l'horizon, à l'ouest le versant italien des Alpes se détache sur le bleu du ciel.

Je me trouve depuis deux jours à Saluces, en italien Saluzzo, pour une master class. Saluzzo est une petite ville d'à peine vingt mille âmes, qui vit doucement, inconnue des touristes. Le Pô, tout proche, n'est encore qu'une rivière, quand la fonte des neiges ou des pluies diluviennes ne le grossissent pas démesurément.

Je donne mes cours une fois par mois à la *Scuola di Alto Perfezionamento Musicale*, une école pour jeunes musiciens confirmés installée dans un ancien couvent du XVIIe siècle, au cœur de la vieille ville dont les rues pauvres et sombres ont conservé leur dallage médiéval. Un musicien des *Filarmonici di Torino* s'est attaché à ce couvent délabré promis à la destruction. Il a déposé projet sur projet et, un beau jour, l'octroi d'une subvention importante de la Communauté européenne lui a permis de réaliser son rêve : faire revivre ces vieilles pierres en y associant son amour de la musique. Ainsi est née cette École de haut perfectionnement musical, au titre un peu pompeux, réservée à des étudiants avancés, souvent doués. Seule une partie des bâtiments a été restaurée. Les nombreuses cellules, autrefois occupées par des sœurs contemplatives vouées au silence, sont désormais insonorisées pour permettre aux apprentis musiciens de pratiquer dans de bonnes conditions. Les salles communes, réfectoire, chapelle, bibliothèque, offrent des espaces plus vastes pour la musique de chambre ou les répétitions d'orchestre.

Certains professeurs originaires de la région m'ont raconté qu'au Moyen Âge le marquisat de Saluces appartenait aux ducs de Savoie. Henri II l'annexa à son royaume; peu de temps après, en 1601, Henri IV le rendit au duché en échange de la Bresse, du Bugey et du territoire de Gex. Moyennant quoi, les maisons ont souvent par ici un petit air savoyard, et il n'est pas jusqu'aux portails de la piazza Garibaldi qui n'aient gardé trace de leurs origines anciennes.

Je suis arrivé avant-hier de Suisse, où j'habite. Un lourd programme de concerts m'attend dans les jours à venir et j'ai trouvé plus commode de prendre la voiture. J'ai mis à peine quatre heures pour relier par l'autoroute, en filant vers le sud, Lausanne à Turin. Saluzzo n'est qu'à une demi-heure de la capitale du Piémont.

Conduire est parfois une bonne façon d'évacuer le trac avant un récital, le stress après. En outre, j'ai toujours aimé les très belles voitures et les belles mécaniques. Peut-être parce que enfant je n'ai pas assez joué aux petites autos, trop occupé que j'étais à me mesurer des heures durant, et ce dès mon plus jeune âge, à mon violon. La sonorité que je préfère, à l'exclusion de celle du violon, est celle d'un moteur six cylindres bien réglé, dont le doux, l'exact ronronnement masque parfaitement la capacité à rugir à la moindre sollicitation.

Le plus consternant, dans ce qui se produit ce jour-là, c'est que j'ai pris toutes les précautions, sachant que ma Porsche 911 flambant neuve ne peut qu'attirer la convoitise d'individus dont le goût pour les voitures de sport est inversement proportionnel à leur sens de la propriété. L'hôtel Astor à Saluzzo n'ayant pas de parking, un ami, professeur dans la même institution, m'a proposé de garer mon bolide dans le jardin de sa maison, à l'abri des regards et des envies – ce que je fais dès mon arrivée.

Je viens de terminer deux journées de travail intenses, mais gratifiantes, les élèves, triés sur le volet, sont motivés, certains particulièrement doués, les relations avec les collègues sont très agréables. Certes, je me sens un peu fatigué en fin d'après-midi, au moment de sortir la Porsche : de nombreux concerts m'attendent dans un avenir proche, en France, en Italie, et surtout un grand rendez-vous à Philadelphie, avec l'une des meilleures formations du monde, sous la baguette de Charles Dutoit. Mais je suis prêt et je sais qu'à la tension succédera le bonheur d'un pur moment de musique au milieu des musiciens de l'orchestre, face à des mélomanes exigeants et passionnés.

Le vol a lieu en plein centre-ville. À peine vingt secondes après le démarrage de mon coupé, avant même que le commissariat, alerté par le réceptionniste de l'hôtel Astor, n'ait répercuté l'information, une Alfa Romeo bleu et blanc des carabiniers passe devant moi.

Je leur fais de grands signes, ils s'arrêtent. Je leur explique ce qui est arrivé. Porsche et stradivarius font leur effet. La couleur de la voiture ? Gris anthracite métallisé, presque noir. Ces informations sont immédiatement communiquées par radio aux autres véhicules en patrouille. À la sortie nord de Saluzzo, mon voleur est pris en chasse par des policiers qui, revenant de Turin, reconnaissent la Porsche et font demi-tour. La circulation est dense en fin de journée sur cet axe, un camion les retarde, notre malfrat les sème.

Peut-être aurais-je dû réfléchir avant de mentionner le stradivarius ? Sous le coup de l'émotion, je n'y pense pas, c'est un cri spontané. Mais, en Italie, les journalistes et paparazzi à l'affût écoutent la fréquence de la police. Le célèbre luthier de Crémone est ici une figure légendaire et le bruit se répand donc vite qu'on a volé le stradivarius de Pierre Amoyal.

Les heures qui suivent, en dépit des témoignages de sympathie et de la solidarité active manifestée par mes collègues, sont parmi les plus noires de mon existence. Car à côté de mon désarroi, de l'horrible sensation d'amputation, que ne peuvent pas comprendre ceux qui croient qu'un violon n'est qu'une boîte en bois avec des cordes fixées dessus qui vibrent et donnent du son, j'éprouve un sentiment de honte et de culpabilité.

Je n'ai pas su protéger mon Kochanski. En me l'appropriant douze ans plus tôt à la sueur de mon front, j'héritais de son histoire, et pas seulement de celle du violoniste polonais fameux qui lui donna son nom. Nicolas II, le dernier tsar de toutes les Russies, aimait l'admirer, en jouer, le toucher. Les plus grands compositeurs du XXe siècle, Prokofiev, Stravinski, Szymanowski écrivirent pour lui des pages sublimes. Il émut Karajan aux larmes, lorsque à un mètre de lui je jouais le concerto d'Alban Berg. En le faisant mien, je devenais le gardien et le dépositaire d'une mémoire silencieuse et fabuleuse qui veillait en secret, par quelque mystérieuse alchimie, à l'éclat, à la perfection des sons que je pouvais lui arracher. Son âme est pour moi bien autre chose que cette petite pièce d'érable soigneusement taillée par le maître de Crémone et glissée entre la table et le fond.

La Porsche, en comparaison, n'est qu'un magnifique jouet ; j'en ferai mon deuil. Mais ce violon, il a fallu que je lutte pour réunir les fonds qui m'ont permis d'en devenir le légitime propriétaire, que je ruse avec les banques, d'abord pour obtenir les crédits nécessaires, ensuite pour faire patienter mes débiteurs. Au-delà de ces triviales considérations financières, j'ai dû lentement le réveiller, l'apprivoiser, entrer dans son intimité. Tout un travail d'approche pour me faire accepter de lui, lui faire accepter mon jeu. Et nous sommes devenus amis – parce que c'était lui, parce que c'était moi.

Je ne sais pas encore si mon instrument a été dérobé par hasard par un voleur de belles autos ou enlevé sciemment par un homme informé de sa valeur et sûr de son fait. Cependant, j'ai tout de suite l'intuition que c'est à mon violon qu'on en voulait.

Je ne peux quitter la ville comme je l'ai prévu : le bandit a emporté avec lui toutes mes affaires, mais aussi mes papiers, passeport, permis de conduire. Même mon visa pour les États-Unis est resté dans la Porsche ! D'ailleurs – c'est naïf, j'en conviens – j'espère que la police va appeler pour nous annoncer que la voiture est retrouvée. Ou, plus improbable encore, que le voleur, se ravisant, viendra me rapporter mon violon.

Très vite, la rumeur court dans la région. Des journalistes de Turin veulent une interview, photographient à tout-va. Une équipe de la RAI est annoncée. Je ne me sens pas le courage de les affronter. On m'incite néanmoins à faire une déclaration pour tenter de faire fléchir le ravisseur.

Les habitants de Saluzzo ne se contentent pas de témoigner leur sympathie. Un collectionneur me propose immédiatement de me prêter son meilleur instrument pour le concert de demain, au Cap-d'Agde. Comme l'idée de passer une troisième nuit dans cet hôtel maudit me fait horreur, le directeur de l'école de musique m'invite dans sa maison. Au dîner chez lui, des collègues se joignent à nous et tentent de me réconforter. Je suis incapable d'avaler une bouchée.

Plus tard, le capitaine des carabiniers vient me voir. L'homme, en civil, est l'image du bel Italien : élégant, cheveux noirs coupés court, chemise blanche impeccable. Il s'exprime avec calme et détermination.

— J'ai mon idée. Un camp de Tziganes est installé dans les environs. Qui dit Tzigane dit violon...

Le raisonnement me paraît un peu sommaire, mais je ne peux m'empêcher de sourire, frappé par la coïncidence : sur le dernier disque enregistré avec mon stradivarius – Armin Jordan dirige l'orchestre de la Suisse romande –, je joue *Tzigane*, la célèbre pièce de Maurice Ravel.

— Ce soir, reprend-il, vers dix heures, je vais faire un tour dans ce camp, j'y ai des amis.

Il s'y rendra seul. De toute façon, je ne l'aurais pas accompagné, je n'ai envie d'aller nulle part, j'ai envie de mourir là, sur-le-champ, dans mon désespoir.

2

Russe par ma mère, juif par mon père

J'ai toujours pensé que la marche du destin n'est pas aussi aveugle qu'on le prétend et que sans cesse de secrets équilibres sont à l'œuvre, qui mesurent et réajustent le cours de chaque vie. J'avais eu trop de chance, tout m'avait trop bien réussi ; un jour, une grande épreuve viendrait à ma rencontre. Cruel, mais prévisible et inévitable.

Je ne fus pas ce que l'on appelle communément un enfant prodige. Je naquis le 22 juin 1949 dans une famille qui ne comptait pas de musiciens, mais un formidable mélomane en la personne de mon grand-père Julien Poprawka. J'ai sous les yeux une photo de mes parents, peu avant ma naissance. Joli couple, gai et insouciant. C'est l'été, mon père est en bras de chemise, maman porte une robe légère et tient ses lunettes de soleil à la main. J'aime son exquis sourire de petite fille comblée. Cela ne dura pas deux ans, ils se séparèrent et chacun refit sa vie de son côté.

Julien Poprawka, mon grand-père, le père de maman, ne sut jamais qui étaient ses parents. Russe, il fut élevé dans un orphelinat à Odessa, berceau de tant de grands violonistes du siècle passé. Peut-être un de mes ancêtres inconnus fut-il un violoniste passionné, je voudrais le croire.

Julien n'avait que dix-sept ans quand il arriva seul à Paris, vers 1918-1919, fuyant la révolution bolchevique. C'était un jeune homme intelligent, courageux, qui n'avait pas réussi à l'école et ne savait pas faire grand-chose, sinon de délicieuses pâtisseries, des spécialités russes. Les réfugiés russes étaient nombreux à Paris. Mon grand-père eut l'idée de proposer aux restaurants où tous ces émigrés se retrouvaient des produits du pays : pirojkis, koulibiacs, paskas et koulitchs.

Il était si pauvre et démuni que, dans la cave qu'il avait louée près des Invalides, il n'avait pas de quoi s'acheter une table. À ses débuts, il travaillait par terre – pas facile pour pâtisser. C'était un maniaque de la propreté. J'ai hérité de son goût pour les sols étincelants, que je prends moi aussi plaisir à nettoyer, ce qui amuse ma famille, et moi-même.

Mon grand-père réussit si bien qu'il devint très connu à Paris. J'ai vu des gens célèbres, Jacques Chirac par exemple, il y a longtemps, patienter devant chez lui pour acheter ses spécialités, dont ma grand-mère Germaine surveillait la cuisson tout en tenant la caisse. Les années passèrent, il acquit des hôtels en Normandie. Mais, contrairement à tant d'autres qui ont souffert de la pauvreté, il resta simple et ne joua jamais au nouveau riche.

Julien connut sa femme, une Française, au hasard d'une fête foraine. Germaine était une paysanne auvergnate, qui avait fait le voyage jusqu'à Paris en touriste. C'était la première fois qu'elle voyait la capitale. À son retour au village, près de Roquefort, la jeune fille avoua à ses parents qu'elle était tombée amoureuse. Malheureusement, il s'agissait d'un étranger. La famille se résigna et, lorsque Julien annonça sa visite, monsieur Boudes, son futur beau-père, alla l'accueillir à la gare avec sa charrette. Il revint bredouille : il n'avait vu aucun étranger descendre du train. À l'époque, dans ces endroits reculés d'Auvergne, un étranger était forcément un Noir. On retourna vite fait à la gare, où mon grand-père attendait patiemment sa fiancée.

Ils se marièrent donc, Germaine apprit le russe et se transforma en peu de temps en une affectueuse babouchka auvergnate. Ils eurent d'abord un garçon, André, qui devint intendant des voyages de la présidence française chez Air France. Ma mère, Véra, travaillait pour son père. Elle livrait les pâtisseries avec une camionnette dans laquelle elle m'emmenait à l'époque où j'étais trop jeune pour aller à l'école. C'est ainsi que je connais Paris aussi bien qu'un chauffeur de taxi.

Je vivais seul avec ma mère dans un petit pavillon de banlieue, mais les meilleurs moments de mon enfance, je les passai dans ce sous-sol parisien où travaillait mon grand-père Julien. En sortant de l'école russe, que je fréquentai jusqu'à sept ans, je m'arrêtais chez lui et nous bavardions. Je sens encore l'odeur merveilleuse des gâteaux qu'il me faisait goûter. Il s'exprimait avec un fort accent et me racontait son enfance, Odessa, la Russie d'avant 1917. Il était curieux de tout, lisait tous les jours la *Pravda*, mais ce qui le passionnait, c'était la musique.

Le premier, il me parla de Jascha Heifetz. Il avait assisté à l'un de ses premiers concerts à Odessa. Il se souvenait de tous les détails, de la salle, des lumières qui s'éteignaient lentement, de l'entrée du soliste, des acclamations. Comme dans une toile de Chagall et sans savoir s'il y avait eu un violoniste parmi ses ancêtres, il me donnait à sentir cette présence du violon dans sa mémoire.

Papa était parti, mais maman m'aimait pour deux. Notre vie était modeste, bien que je n'eusse jamais manqué de rien. Si, de place. J'apprenais le piano à l'école russe. Trouvant que je ne travaillais pas assez, mon professeur suggéra à ma mère de louer un piano. Mais où placer l'instrument ? On se dit : pourquoi pas le violon ?

J'eus donc entre les mains un petit instrument aux dimensions de mon âge. Pour m'encourager, ma mère acheta un disque : le concerto pour violon de Tchaïkovski joué par Jascha Heifetz. Je me rappelle avec la plus extrême précision le moment où j'ai placé l'aiguille sur le microsillon. Dès les premières notes, j'eus comme une révélation : je ne me contenterais pas de subir le pouvoir envoûtant de la musique, je me l'arrogerais, j'apprendrais à le faire naître dans ma tête et entre mes doigts, à imposer le silence aux autres. La voie était toute tracée, une vie nouvelle s'ouvrait pour moi, de rêve et de travail. La force magnétique du violon m'attirait, je sentais que cet instrument recelait une grande source d'émotion.

Dix ans plus tard, à Los Angeles où je fus cinq années durant l'élève de Jascha Heifetz, en réponse à une question que je lui posais, mon maître rejoua pour moi ces premières notes. J'éprouvai à nouveau ce trouble et lui racontai ce séisme initial.

Je n'avais que sept ans, il est difficile de le croire, c'est pourtant la pure vérité : dès le lendemain, j'ai travaillé comme un professionnel, cinq heures par jour, tout naturellement. Les enfants de mon âge jouaient aux petits soldats ou aux voitures de course, je jouais du violon.

Une puissante motivation, ce sentiment vif de répondre à une nécessité qu'éprouve celui qui se sent appelé ne suffisent pas à expliquer qu'un enfant de sept ans puisse s'enfermer de son propre gré dans le carcan d'études aussi soutenues. Aujourd'hui, je lie cette façon farouche et fière de plonger dans l'univers du violon au mariage de ma mère. Je fus fortement ébranlé par l'intrusion dans notre existence d'un homme qui portait mon prénom et me la ravissait, à moi qui vivais seul avec elle. Ce Pierre se révéla à la longue un beau-père affectueux, patient et disposé à favoriser ma vocation, mais le mal était fait. Heureusement, l'univers musical dans lequel je m'enfermais me protégeait de tout.

En me lançant ainsi dans le monde du violon, je me séparais des autres, je créais autour de moi une zone de survie où rien ne pouvait m'atteindre. Sans doute ce choix fut-il ma réponse à une forte poussée d'angoisse. La séparation de mes parents, le mariage de mon père, bientôt suivi de celui de ma mère, le fait que chacun refaisait sa vie de son côté et me donnait des frères et des sœurs – pas forcément les bienvenus pour un aîné au tempérament ultrasensible – pouvaient expliquer cette anxiété.

Ma mère n'était pas musicienne, mais elle soutint dès le départ et sans jamais faiblir mon effrayante ambition. Je lui dois beaucoup, même si j'imagine qu'elle a réalisé à travers moi un désir sans doute profondément inscrit dans ses gènes. Mais je serais injuste envers Wilfred Amoyal, mon père, si je ne mentionnais la place qu'il eut, sinon dans mon éducation, du moins dans mon cœur. Longtemps, parce que je ne voulais pas faire de peine à ma mère, je dissimulai mes sentiments pour mon père. Je l'aimais en secret, même quand il semblait ne s'intéresser à moi que de loin.

Juif pied-noir d'ascendance espagnole, comme cela se lit dans mon patronyme, mon père était l'un des sept enfants d'un modeste marchand d'étoffes, Léon Amoyal, qui avait sa boutique dans le village de Tiaret, près d'Oran. Léon était un homme à forte personnalité. Mon père tient de lui sa rigueur, son bon sens, sa fierté. Avec Claire, ma grand-mère, Léon Amoyal éleva sa nombreuse famille et veilla à ce que chacun puisse poursuivre des études.

Mon père rentra en Algérie après avoir étudié la médecine. Je n'appris à le connaître vraiment qu'à partir de mes dix, douze ans. Il venait parfois à Paris. Il m'arriva aussi, malgré la situation politique difficile, d'aller le retrouver en Algérie, alors en pleine guerre, au moment des vacances. Il s'était marié, avait trois enfants.

Papa est un homme positif, passionné par son art ; mon orientation le laissa d'abord perplexe. Ce n'est que plus tard qu'il allait devenir pour moi un formidable soutien. Grâce à lui, en tout cas, je me sens profondément juif de cœur, de culture, de sang, même si je ne le suis pas de religion.

Avant l'entrée fracassante du violon dans ma vie, j'étais déjà un enfant un peu spécial, introverti, partagé entre une mère à l'affection dévorante et le souvenir d'un père qui était parti, mais dont j'espérais secrètement le retour. Partagé aussi entre deux cultures : la française et la russe, par mon grand-père d'une part, mais aussi par la présence d'un ami de la famille, Alexis Tcheremoukine, qui jouait du violon dans les cabarets russes de Paris et accepta souvent, avec bonne humeur, le rôle de répétiteur. Ce chevalier servant de ma mère finit d'ailleurs par habiter chez nous.

J'étais un petit garçon solitaire, qui observait ses camarades à l'école sans vraiment se mêler à eux ni prendre part à leurs jeux. C'était comme si j'attendais quelque chose, un événement qui donnât un sens à ma vie.

Lors du choc de la découverte du concerto de Tchaïkovski par Jascha Heifetz, j'eus immédiatement la conviction que j'avais trouvé ce sens et cette unité longtemps désirés, que jouer du violon serait mon destin. Une dame du voisinage, mademoiselle Guillon, fut mon premier professeur. Elle fut stupéfaite de découvrir la volonté farouche qui habitait un si petit bonhomme. Dès la deuxième ou troisième leçon, alors que j'étais en train de faire mes exercices, elle sortit un instant de la pièce pour aller se laver les mains et me dit :

— C'est bien, continue.

En revenant, elle me trouva juché sur la table où je continuais de jouer.

— Pierre, que fais-tu debout sur cette table ?

— Il faut que je m'habitue, pour les concerts !

Quelques jours auparavant, j'étais allé avec ma mère au Théâtre du Châtelet et j'avais observé que le violoniste jouait sur une estrade assez haute. Comme j'étais sujet au vertige, je me préparais à me tenir debout face au vide.

La certitude s'installa très vite en moi que, sans un énorme travail, je ne parviendrais pas à mes fins. À l'école, l'instituteur le comprit aussi : j'avais la tête ailleurs. On m'organisa des horaires aménagés pendant deux ans (les classes musicales n'existaient pas encore), et on me libérait l'après-midi. Je fus dispensé de certains cours, la gymnastique par exemple, ce qui ne fut sans doute pas une très bonne chose. Je me suis rattrapé depuis.

Mon deuxième professeur fut encore une dame, haute en couleur, l'impressionnante Carmen Forte. Cette jolie jeune femme d'origine italienne jouait magnifiquement du violon et était à l'aube d'une belle carrière, mais un jour, passant sous un échafaudage, elle reçut un seau de ciment sur la tête. Il y eut des séquelles, elle devint obèse : on passa de forte à fortissimo, comme elle disait, car elle avait beaucoup d'humour. Quand je fis sa connaissance, elle pesait cent vingt-cinq kilos. La pratique virtuose du violon lui étant désormais difficile, elle se consacra à l'enseignement.

Madame Forte pensait que ses élèves devaient se vouer entièrement à leur instrument et les installait donc à demeure chez elle, dans son immense appartement du 22 de la rue Vignon. Nous étions quatre en pension complète, chacun avait sa chambre. Je séjournai chez elle de mai 1957 à septembre 1958. Nous travaillions beaucoup et mangions en conséquence.

Quand la leçon était bonne, pour me récompenser, elle m'envoyait chez Fauchon, celui de la Madeleine, dont l'enseigne est à cent mètres de la rue Vignon. Selon l'heure, je rapportais des andouillettes de Troyes, de la rosette de Lyon, du brie de Meaux, des calissons d'Aix ou des pruneaux d'Agen. Comme on le voit, je progressais aussi en géographie. Parfois, après déjeuner, les allégros avaient tendance à se ralentir en adagios et je me rappelle un jour où, elle au piano, moi au violon, nous finîmes par jouer si lentement que nous nous endormîmes sur nos instruments.

Le soir, elle aimait à recevoir dans son grand salon. Surtout des musiciens, des compositeurs : Darius Milhaud, Georges Auric, Raymond Gallois-Montbrun, alors directeur du conservatoire de Versailles. Ses petits élèves, bien sûr, étaient déjà couchés. Mais il lui arrivait de me réveiller entre onze heures et minuit, elle me conduisait dans la vaste pièce enfumée, j'étais en pyjama et me frottais les yeux, je devais jouer pour ces prestigieux invités.

À neuf ans, j'entrai au Conservatoire de Versailles. Ma mère m'inscrivit aux cours par correspondance organisés par l'Éducation nationale pour les handicapés. N'étais-je pas un handicapé moi aussi, comme tous les enfants surdoués qui brûlent les étapes et sont privés de l'insouciance propre à leur âge ?

Moyennant deux, trois heures par jour que je plaçais comme je le pouvais, je poursuivis mes études et eus, avec l'aide d'un professeur particulier qui me prodiguait ses conseils, une scolarité à peu près normale – et ce jusqu'au baccalauréat. Après un an, je sortis avec le premier prix du conservatoire de Versailles et me présentai tout de suite au Conservatoire national supérieur de Paris.

Une chose m'étonne, aujourd'hui que j'enseigne et que je vois à quel rythme progressent les élèves, même très doués : pour mon examen d'entrée au conservatoire de Versailles – je n'avais pas deux ans de violon derrière moi –, je jouai le premier mouvement du concerto de Dvořák. Et pour l'entrée au Conservatoire de Paris, alors que je n'avais pas dix ans, le finale de la *Symphonie espagnole* de Lalo ! Ce ne fut sûrement pas une interprétation inoubliable, mais tout de même, pour arriver à jouer toutes les notes de ces partitions, il avait fallu que je m'attelle à la tâche avec une rare détermination.

3

« On l'a retrouvé ! »

16 avril 1987

En me réveillant, le 16 au matin, dans cette chambre inconnue, je perçois d'abord une douleur à la main gauche qui ne tarde pas à enflammer tout le bras. L'origine en est peut-être musculaire, mais à mesure que la conscience de l'amputation subie la veille s'impose à moi, j'en déduis que le mental y a aussi sa part.

Je n'ai pas eu de mal à m'endormir : mon hôte, quand je suis monté me coucher, m'a glissé dans la main deux cachets de somnifère qui m'ont fait sombrer dans un sommeil pesant et sans rêves d'autant plus rapidement que je n'en utilise jamais. En revanche, le réveil est plus laborieux : j'ai la bouche pâteuse et les idées floues.

La chambre où j'ai passé la nuit, chez mon ami le directeur de l'école de musique, donne sur le jardin. Un concert d'oiseaux printaniers entre par la fenêtre ouverte et, avec lui, une agréable senteur de lilas et d'herbe mouillée. Il y a eu une ondée pendant la nuit, mais le temps s'est remis au beau fixe. Je me sens revenir, après ces moments d'abattement et de découragement, à un sentiment plus combatif, une attitude plus positive.

Après un bon petit déjeuner, pendant lequel je prépare mon plan de bataille, je téléphone à mon agent, Michel Glotz. C'est l'heure du choix et des grandes décisions. Comme nous sommes jeudi, je peux le joindre à son bureau de l'agence Musicaglotz à Paris.

— Michel, il faut que tu appelles Charles Dutoit de toute urgence. Je ne peux pas aller à Philadelphie.

Il est stupéfait.

— Mais que t'arrive-t-il ? Tu es malade ?

— Non, je vais très bien. Enfin, comme un homme qui vient de se faire voler son violon.

Michel ne peut le croire.

— Comment est-ce arrivé ? D'où m'appelles-tu ?

— De Saluzzo, près de Turin. J'y donne mes cours, je t'en ai parlé. On m'a volé la Porsche, le violon était à l'intérieur.

— Tu aurais laissé le violon dans ta voiture ? Ça ne te ressemble pas.

Je préférerais qu'il ne remue pas le couteau dans la plaie.

— Michel, je te raconterai les détails une autre fois. Je n'ai pas laissé mon strad dans la voiture, tu t'en doutes. Je venais de l'y mettre et j'allais partir, quand c'est arrivé.

— Pierre, ne prends pas une telle décision précipitamment. Ces concerts en Amérique sont très importants, tu le sais. Charles Dutoit va être furieux. Je téléphone à Étienne Vatelot, nous allons te trouver le meilleur violon d'ici à la fin de la semaine.

Je sais qu'Étienne Vatelot, le grand luthier, pourrait en effet me préparer un excellent instrument dans un temps record. Mais ma décision est prise. Je renonce aux États-Unis pour rester près du lieu du drame au cas où, comme je l'espère, quelque chose se produirait. Je peux assurer le concert du Cap-d'Agde, le 18 ; me rendre à Venise ne me pose pas non plus de problème : je demeure dans les deux cas à proximité du théâtre des opérations. Mais aller à des milliers de kilomètres est au-dessus de mes forces, à un moment où j'ai la ferme conviction que tout n'est pas perdu.

À peine ai-je reposé le combiné que l'on m'annonce l'arrivée du capitaine des carabiniers. J'entre, plein d'espoir, dans le salon où l'officier m'attend. Il est en uniforme, cette fois, et son visage sombre ne présage rien de bon.

— Je ne vais pas vous raconter d'histoires, dit-il d'un air embarrassé. Nous avons bel et bien perdu sa trace. La voiture qui a réussi à le repérer a très vite été semée. L'homme connaît la région, c'est sûr, il doit être caché quelque part à Turin.

— Je suppose que votre visite chez nos amis tziganes n'a rien donné ?

— Non, c'est une piste à abandonner. Ils ont bien leurs mauvais garçons, mais, d'après mes informateurs, cette affaire est trop importante pour eux.

À cet instant, un carabinier se présente à la porte de la villa, porteur d'un pli pour son supérieur. Le jeune homme, engagé de fraîche date, n'est pas encore bien dégrossi. Introduit dans la pièce où nous nous tenons, la nouvelle recrue, rouge comme un homard, claque des talons, fait le salut réglementaire et tend une feuille blanche à l'officier, que celui-ci parcourt rapidement.

— Merci. Il n'est pas nécessaire de claquer des talons chez un particulier, au risque de rayer le parquet. Vous pouvez disposer.

Il ajoute à mon intention :

— Voici tout de même quelque chose d'intéressant. J'ai demandé à mes hommes d'interroger les gens sur la piazza Garibaldi, les employés de l'hôtel Astor, les proches voisins, les commerçants, bref toutes les personnes qui se trouvaient dans le voisinage au moment où votre voleur a sauté dans la voiture.

— Quelqu'un aurait-il vu quelque chose ?

J'ai prononcé ces mots sur un ton plus désabusé que narquois.

— Nous n'avons pas de témoin direct du vol, reprend vivement le policier. En revanche la boulangère a repéré un inconnu qui semblait déjà être là avant-hier et a passé son temps à aller et venir sur la place, toujours à proximité de l'hôtel.

Que l'homme ait attendu le bon moment pour agir va de soi, j'y ai moi-même déjà pensé.

— Ce n'est pas tout. Le facteur qui faisait sa tournée a noté la présence d'un individu qu'il n'avait jamais vu lui non plus en ville, à la terrasse du bar voisin.

— Vers quelle heure ?

— Peu avant les faits. Le signalement qu'il en a donné correspond trait pour trait à l'image qu'en a gardé la boulangère : un homme d'une trentaine d'années, brun, grand, mince, cheveux longs bouclés, vêtu d'un jean noir et d'un polo clair, des baskets usées.

Il reste silencieux un moment avant d'insister.

— C'est aussi le portrait que vous en avez dressé, monsieur Amoyal.

Je ne me rappelle pas avoir livré autant d'éléments, et aussi précis, au carabinier qui m'a interrogé la veille. Puis soudain, comme dans un flash, je le vois à mon tour.

Le voleur est seul, attablé à la terrasse, en train de tourner d'un air ennuyé sa cuillère dans son espresso. Je viens de garer la Porsche en double file et me dirige, le violon à la main, vers l'entrée de l'hôtel. Il détourne les yeux quand mon regard distrait se pose sur lui l'espace d'une seconde. Bien sûr, je ne lui prête aucune attention.

Je raconte au capitaine que, moi aussi, j'ai vu l'homme à la terrasse.

— Vous n'avez pas noté de signe particulier ? Un détail vestimentaire, un foulard, des lunettes de soleil ?

— Oui, il avait des lunettes, mais rejetées sur le front. Et une boucle d'oreille, je crois.

— Vous croyez ?

J'aurais mieux fait de me taire. Je n'ai aucune certitude. Peut-être ai-je aperçu un homme il y a deux ou trois jours, ailleurs, sur une autre terrasse, et je confonds les situations. Dans ces circonstances, je ne puis être un témoin idéal.

À l'émoi causé dans la petite ville par ce vol inouï succède un véritable mouvement de solidarité. Le collectionneur local me prête un fort beau guadagnini, datant du milieu du XIXe siècle, œuvre d'un descendant du célèbre Lorenzo, qui fut de longues années un compagnon d'Antonio Stradivari.

Cependant comment rallier le Cap-d'Agde, alors que j'ai perdu tous mes papiers ? On me propose une voiture, mais cela ne règle pas le problème du passage à la frontière.

Le juge Damiano, qui habite la région, où il est bien connu, est le père d'un jeune musicien du Philharmonique de Berlin, orchestre avec lequel j'ai eu l'occasion de jouer sous la baguette de Herbert von Karajan, notamment pour une interprétation émouvante du concerto d'Alban Berg. J'ai sympathisé avec son fils, qui lui a parlé de moi. Ayant appris par la radio ce qui m'arrive, monsieur Damiano prend aussitôt contact avec moi pour m'offrir son aide. Féru d'aviation et pilote chevronné, il possède un petit appareil à quatre places basé à quelques kilomètres de Saluzzo et se propose de me conduire à Montpellier. Voilà qui permettra de contourner par le haut la difficile question des limites frontalières.

Le décollage est prévu en début d'après-midi, mais auparavant il me faut faire face aux journalistes. Hier au soir, j'ai eu droit aux journaux de Turin. Aujourd'hui, tout ce que Milan comporte de rédacteurs et d'échotiers s'est déplacé et, parmi eux, le correspondant permanent de l'Agence France Presse.

Suivant le conseil de mes amis de l'école de musique, je décide de mettre à profit le reportage d'une équipe de la RAI Uno pour lire en italien un court texte rédigé avec l'assistance de mon hôte. M'adressant au ravisseur, je le conjure de restituer le violon à quelque personne de confiance. J'insiste sur la valeur affective et professionnelle de l'instrument pour un musicien qui ne demande qu'à retrouver son compagnon et à jouer pour le plaisir du plus grand nombre. Je suggère aussi que ce stradivarius est tellement connu qu'il se révélera invendable, à l'instar de certains tableaux trop célèbres pour pouvoir être négociés. C'est l'évidence même, mais hélas ! certains collectionneurs sont prêts à outrepasser la loi quand il s'agit d'acquérir des objets qui les fascinent.

Deux heures plus tard, au terme d'un vol sans histoire dans un ciel sans nuages, nous atterrissons vers cinq heures de l'après-midi à Montpellier. Une autre raison, aucunement artistique, m'a incité à ne pas annuler le concert du Cap-d'Agde : ma mère vit à Montpellier et l'occasion est trop rare de passer quelques jours avec elle. Mes belles et courageuses résolutions matinales, soutenues par l'optimisme loquace des Italiens, ont quelque peu faibli à mesure qu'avance la journée, et, quand je peux serrer ma mère dans mes bras, je fonds en larmes.

Il me reste deux jours pour me préparer au concert. Musicalement parlant, je suis prêt. Pour les quelques mises au point indispensables, nous avons deux répétitions. Mentalement, c'est autre chose. Peu à peu s'est créée avec mon partenaire violon une sorte d'unité magique, fusionnelle, qui reprend vie à chaque nouveau récital. Ma foi dans les ressources artistiques de cette fusion est sans doute excessive. J'ai beau me répéter que je suis avant tout un violoniste voué à son art, entraîné à affronter avec n'importe quel instrument la tension du concert, en réalité je suis devenu le serviteur zélé d'une légende stradivarienne.

Jouer sans mon Kochanski sera donc une épreuve de vérité. Ou je la surmonte, ou je perds tous mes moyens, comme si, par quelque pacte diabolique, ils s'étaient concentrés sur mon stradivarius. Afin de me donner du courage, je repense au mot bien connu de Jascha Heifetz. En réponse à une admiratrice qui lui demandait comment des sons aussi merveilleux pouvaient sortir de son violon, le virtuose inclina son instrument et en approcha son oreille.

— C'est curieux, je n'entends rien.

Puis il ajouta, après un instant :

— S'il émet des sons aussi beaux, c'est peut-être que quelqu'un en joue, ne pensez-vous pas ?

La soirée du Cap-d'Agde fut un succès. J'ai tiré le meilleur de ce violon et, si je suis loin d'avoir obtenu de lui les sons que j'arrachais au Kochanski, ma prestation, compte tenu des circonstances, est tout à fait acceptable.

Le public s'est déplacé en nombre pour cette fin de week-end pascal et j'ai senti qu'une curiosité extramusicale a joué en ma faveur – la presse française a évoqué le vol, avec vingt-quatre heures de retard. Ce phénomène va durer des mois et des années, mais plutôt que de m'en offusquer, je considère cet engouement comme une opportunité, pour la musique classique, de sortir du cercle des connaisseurs, certes fervent, mais si limité.

Dès le lendemain, muni de nouveaux papiers, je retourne en Suisse, en passant par Saluzzo. Malheureusement, l'enquête n'a pas avancé d'un pouce. Je laisse aux carabiniers tous les numéros de téléphone où ils peuvent me joindre dans les jours à venir, et je rentre à Lausanne, la mort dans l'âme.

Le soir, je dîne avec des amis dans une auberge qui domine la côte vaudoise, à Dully. Le patron, un ami, est originaire du Tessin. L'endroit est chaleureux, on y mange des plats simples mais roboratifs : du poulet à la broche, de l'agneau grillé au feu de bois, les fameux röstis. Au milieu du repas, le garçon me fait signe : on me demande au téléphone. La cabine est dans l'entrée, il y a du va-et-vient, ce n'est pas l'endroit idéal pour avoir une conversation privée. Peu m'importe : j'ai le capitaine des carabiniers de Saluzzo au bout du fil. Sa voix est triomphante.

— J'ai une bonne nouvelle pour vous, monsieur Amoyal. On l'a retrouvé !

J'en ai le souffle coupé.

— Capitaine, si vous saviez le bonheur que j'éprouve. Pas de dommages ?

— Rien, pas une égratignure. Le voleur l'a abandonné sur un parking de la banlieue de Turin, tout près de l'autoroute. C'est même étonnant que personne ne nous ait prévenus plus tôt. Elle devait être garée là depuis...

— Vous me parlez de la Porsche ?

— Bien sûr... Je suis désolé.

Il perçoit le malentendu, s'excuse. J'écoute à peine ses explications. C'est la machine qu'on a retrouvée, pas le stradivarius. Les bagages sont restés à l'intérieur, on n'y a pas touché. Mais le violon, lui, a bel et bien disparu.

Je raccroche anéanti, comme si on m'arrachait le Kochanski une seconde fois.

4

Premières armes

Il ne suffit pas d'être accepté au Conservatoire national supérieur de Paris, il faut aussi qu'un professeur veuille bien s'occuper de vous. Et dans mon cas, compte tenu de mes dix ans, se posait un problème supplémentaire : j'allais être entouré de filles et de garçons âgés en moyenne de seize à vingt-deux ans, situation inhabituelle aussi bien pour moi que pour mes camarades, sans parler de nos maîtres.

Mademoiselle Guillon, dépassée par les événements, avait recommandé à ma mère de me confier à un violoniste d'exception, que nous ne trouverions que dans la capitale. Carmen Forte ne lui conseilla pas autre chose.

Un jour, alors que j'achevais mon année au conservatoire de Versailles, maman alla, sans m'en avertir et sans rendez-vous, au Conservatoire de Paris, 14, rue de Madrid. Un peu intimidée, elle s'adressa au concierge et lui demanda quels étaient les professeurs de violon présents ce jour-là. Les emplois du temps de chacun n'étaient pas de la compétence du concierge, mais il se souvint d'avoir vu passer monsieur Charmy, qui accepterait sûrement de la recevoir.

Le professeur était sympathique et de bonne composition.

— Chère madame, lui dit-il, je comprends bien votre préoccupation, mais si vous saviez le nombre de mamans qui viennent nous présenter un futur petit Paganini ! Du reste, ajouta-t-il pour prévenir toute discussion, je ne m'occupe pas d'enfants, même doués. Quand votre fils aura dix-sept ou dix-huit ans, nous en reparlerons.

Ma mère n'était pas du genre à insister, mais sa déception et sa tristesse devaient être telles que le professeur s'en émut.

— En revanche, ce que je peux faire, et vous ne serez pas venue pour rien, c'est écouter votre garçon et vous conseiller quelqu'un en fonction de son niveau. Cela vous convient-il ?

Rendez-vous fut pris pour la semaine suivante au domicile du professeur. Monsieur Charmy habitait un bel immeuble du XVIIe arrondissement. J'ai le souvenir d'un appartement immense et très sombre, et d'un monsieur chauve à l'air terriblement sérieux. Il serra la main de ma mère et nous conduisit au salon.

— Comment t'appelles-tu, mon garçon ?

— Pierre Amoyal, monsieur.

J'étais sur le point de sortir mon instrument de son étui.

— Chaque chose en son temps, Pierre. Pour commencer, veux-tu me montrer tes mains ?

Je lui tendis mes mains, qu'il examina avec attention. Puis il pria maman de bien vouloir patienter, me conduisit dans un bureau attenant, prit place dans un fauteuil de cuir fatigué et me demanda de lui jouer un morceau. J'avais préparé quelque chose d'assez rudimentaire, une valse ou une barcarolle, je ne sais plus.

Au bout de trois, quatre minutes, il m'arrêta d'un geste.

— Attends un peu, viens avec moi.

Il m'emmena plus loin dans l'appartement, qui devenait de plus en plus sombre. Nous entrâmes dans une chambre où régnait une obscurité presque totale. M'habituant à la pénombre, je distinguai un lit recouvert d'un vaste édredon.

— Joue, petit. Joue ton morceau.

Pas très rassuré, je rejouai la pièce. C'est alors que, du lit, monta une petite voix :

— Roland, prends-le.

C'était la grande harpiste Lily Laskine, l'épouse de Roland Charmy. Malade ce jour-là, elle était alitée. Le professeur ne prenait jamais de décision importante sans consulter son illustre femme, et c'est grâce à elle qu'il accepta, dérogeant à ses habitudes, de s'occuper de moi.

Lily par la suite devint une amie et ma collègue quand, bien des années plus tard, j'entrai à mon tour comme professeur au Conservatoire national supérieur où je repris la classe de monsieur Charmy, lorsque celui-ci fit valoir ses droits à la retraite. Une image me revient, une matinée froide de 11 novembre, Paris sous la neige, et cette petite vieille dame, menue, si fragile dans son manteau noir, qui traverse la rue de Madrid avec un énorme bouquet de fleurs qu'elle vient déposer au monument aux morts du Conservatoire : la plupart d'entre nous ignorions jusqu'à l'existence de ce monument, mais pas elle, pas Lily Laskine.

L'histoire de la musique est souvent injuste. On semble avoir oublié quel merveilleux musicien fut Roland Charmy, créateur en France du concerto d'Alban Berg. Je n'ai bien sûr aucun mérite à lui avoir gardé une place dans ma mémoire, je lui dois tant. Avant Jascha Heifetz, ce fut lui mon guide. Lui qui me donna toutes les bases et qui me révéla ce qu'était l'école française du violon. Cela, même Jascha Heifetz ne l'aurait pas pu.

Quand j'entrai au conservatoire de Paris, je n'avais que dix ans. Et je n'avais pas encore fêté mon treizième anniversaire quand j'en sortis avec un premier prix.

Ce beau premier prix fut à la fois grisant et désespérant. Normalement, il sanctionnait la fin des études. Je me retrouvais donc sur le trottoir de la rue de Madrid, à piétiner en attendant d'être assez mûr pour les grands concours internationaux. Je sentais bien, pourtant, que j'avais encore tant à apprendre ! Le troisième cycle, qui permet aux élèves les plus brillants de poursuivre après leur premier prix, n'existait pas encore. Je pouvais compléter mes études de musicien en m'inscrivant dans les disciplines annexes : solfège, harmonie, musique de chambre, contrepoint, et je ne manquai pas de le faire. J'aimais assez l'atmosphère très particulière du Conservatoire, à la fois académique (Mai 68 était encore loin) et joueuse, voire anarchique par certains côtés. J'y avais la plupart de mes amis, et les jeunes filles très comme il faut qui le fréquentaient avaient pour moi, le plus jeune, des privautés et des attendrissements dont je tirais le meilleur parti.

Mais ce qui m'importait le plus était le violon. Le fait que ma mère partageât cette passion, sacrifiant beaucoup de sa vie, par exemple pour me conduire en 2 CV rue de Madrid presque tous les jours, m'avait considérablement aidé. Mon père était moins enthousiaste, il trouvait maman un peu inconséquente de soutenir ce qui lui paraissait une lubie, mais il n'avait guère son mot à dire, puisqu'il était loin et avait refait sa vie ailleurs. D'ailleurs, ma certitude était telle que si l'un ou l'autre s'était mis en travers de mon chemin, je me serais enfui de chez moi.

Peu avant mon treizième anniversaire (le 22 juin correspond à peu près à la fin de l'année scolaire), maman eut l'idée, ayant appris que David Oïstrakh était de passage à Paris et avec l'accord de Roland Charmy, de me présenter à lui. J'éprouvais une grande admiration pour le célèbre virtuose soviétique, je l'avais écouté à plusieurs reprises en concert, à Pleyel, au Châtelet, au Théâtre des Champs-Élysées. Je savais l'homme généreux et chaleureux et me réjouissais de pouvoir jouer pour lui.

Quand il venait à Paris, David Oïstrakh descendait toujours à l'hôtel Prince-de-Galles, avenue George-V. Le jour convenu, on nous conduisit dans sa suite, ma mère m'accompagnait bien sûr. Je me souviens d'un homme absolument adorable, genre grand-papa gâteau. Il n'était pas très grand, enrobé, avec une tête toute ronde, un beau visage. Il parlait beaucoup avec les mains, aimait les enfants et semblait à l'aise avec eux. J'étais néanmoins très intimidé et restai un long moment muet, à observer cette légende vivante du violon, ce qui l'amusa beaucoup.

Pour détendre l'atmosphère, il me montra un seau à champagne rempli de marrons glacés qui trônait sur la table et m'invita à me servir. Il en proposa aussi à ma mère, qui refusa poliment. Elle nous laissa en tête à tête. Je restai avec David

Oïstrakh environ deux heures, lui jouant tout ce que je savais. Pendant tout ce temps, il mangeait des marrons glacés, les uns après les autres. Il dut en avaler une bonne livre.

Une des particularités de la culture musicale en France était le solfège, dont nous sommes en effet les spécialistes mondiaux. À l'époque, on nous apprenait à lire les partitions en chantant le nom des notes. J'étais capable de fredonner ainsi des pages entières. Cela le fascinait. Il me mit sous les yeux les *Caprices* de Paganini et me demanda de déchiffrer la partition en chantant le nom des notes, ce que je réalisai sans difficulté. Il eut l'air très admiratif. Et quand je jouai ce que j'avais chanté, il dut me trouver doué, assez en tout cas pour dire à ma mère qu'il s'occuperait volontiers de moi au Conservatoire de Moscou. Pas tout de suite, car j'étais trop jeune pour vivre seul dans la capitale soviétique, mais quand j'aurais dix-sept ans, il se réjouirait de me compter parmi ses élèves. Nous prîmes donc date et, sur un dernier marron glacé, congé du fameux violoniste.

Mon parcours était tracé : j'allais passer quatre ans à Paris pour parfaire mon éducation musicale et, comme un bonheur ne vient jamais seul, le généreux Roland Charmy se proposa de continuer à me faire travailler mon violon en dehors du Conservatoire sans accepter la moindre rétribution ; puis je partirais pour Moscou, où le roi David Oïstrakh en personne prendrait en main ma destinée de musicien.

Mes parents ne souhaitaient pas m'exhiber comme un petit phénomène – pas question pour eux de jouer la carte de l'enfant prodige –, aussi ne participai-je qu'à peu de concerts. Certes, quand on me décerna le premier prix, la presse en parla beaucoup, parce que j'étais très jeune. Encore en 1964, *France-Soir* me consacra un article intitulé : « Violoniste virtuose, Pitou n'a pas le droit de grimper aux arbres ». On apprenait en le lisant que, pour protéger mes mains, je devais renoncer aux jeux de l'enfance. C'était la vérité, mais Pitou – mon surnom à l'époque – l'avait voulu. Puis les choses se tassèrent, on me laissa en paix, et tout alla très tranquillement jusqu'au mois de juin de mes dix-sept ans. Nous étions en 1966, le 6 juin précisément, à seize jours de mon anniversaire. Je reçus un coup de téléphone d'Ivry Gitlis, que j'avais rencontré au Conservatoire et qui était membre du jury du concours.

— Pierre, que fais-tu cet après-midi ?

Je n'avais rien prévu de particulier.

— Je suis avec un monsieur qui se débrouille au violon et qui aimerait t'entendre.

La proposition était énigmatique à souhait, je ne pouvais que l'accepter.

— Sois à cinq heures dans le hall de l'hôtel George-V.

Coïncidence, l'hôtel George-V est juste à côté du Prince-de-Galles, les deux palaces se côtoient. J'arrivai, mon violon sous le bras, à l'heure dite, et tombai, dans l'entrée, sur mes anciens camarades du Conservatoire, livides, encore terrorisés par ce qu'ils venaient de vivre. Je leur demandai ce qui se passait, ils me répondirent laconiquement :

— Tu verras.

À dix-sept heures précises, Ivry Gitlis descendit, me fit signe. Je le suivis dans l'ascenseur, pas très rassuré. Il frappa à une porte, nous entrâmes dans l'une des meilleures suites de l'hôtel et je me trouvai face à un monsieur très élégant, très digne, assis derrière son bureau comme un ministre. Je reconnus immédiatement Jascha Heifetz, à la raideur de sa nuque qui lui donnait un port de tête à la Erich von Stroheim. Il me lança un *Hello* et me fit subir un interrogatoire serré, avant de me demander de lui jouer quelque chose.

Je n'étais pas vraiment préparé, cet après-midi-là, pour briller devant un tel artiste. Je lui proposai des pièces que j'avais travaillées les mois précédents, un mouvement de concerto par-ci, l'andante d'une sonate par-là. Paganini, Bach, Mendelssohn, vite, vite, il me fallait tenter de briser la glace, lui montrer diverses facettes de mon savoir-faire.

— Je peux vous interpréter le *Quatrième Caprice* de Paganini.

Il me jeta un regard condescendant et me dit :

— Dommage, je préférerais le *Dix-septième*.

Pas très à l'aise, je lui avouai que je n'en étais pas encore là – tout en pensant que, question caprice, Jascha Heifetz avait l'air d'être un spécialiste – et suggérai à la place le premier mouvement du concerto de Mendelssohn.

— Jouez-moi donc plutôt le finale. L'avez-vous travaillé ?

Non, mais je me jetai à l'eau. Il me laissa patauger un moment, m'arrêta.

— Des gammes, vous faites bien des gammes ?

— Bien sûr, tous les jours.

— Quelles gammes travaillez-vous ?

— Les gammes usuelles : *do* majeur, *ré* majeur, *mi* majeur, *la* majeur, *mi* bémol majeur...

— Jouez *sol* bémol majeur en dixièmes !

Pour un violoniste, cela correspond à peu près à marcher sur la tête. Je m'exécutai et massacrai *sol bémol* majeur en dixièmes. C'était l'horreur, la séance durait un temps fou, j'avais l'impression d'être enfermé avec ce tyran depuis des heures, je n'avais qu'une envie : mettre fin au supplice, sortir de la pièce, oublier Gitlis, oublier Heifetz, oublier le 6 juin. Je comprenais la tête de mes camarades qui m'attendaient dans le hall : ils avaient tous subi le même traitement.

Finalement, je demandai à prendre congé, il ne me retint pas.

— All right, good luck !

En sortant, je dis à Ivry Gitlis, qui avait l'air embarrassé et m'accompagna jusqu'à l'ascenseur :

— Merci pour le cadeau !

Je rentrai à la maison, la tête basse. Maman était là, impatiente de savoir. Je pris les devants.

— Ne me parle jamais plus du 6 juin. C'est une date maudite dans ma vie. Jascha Heifetz est peut-être le plus grand violoniste de tous les temps, mais c'est le pire tortionnaire que j'aie jamais connu.

De toute façon, pensais-je, pourquoi deviendrais-je l'élève d'un être pareil alors qu'à Moscou m'attendait David Oïstrakh, un violoniste tout aussi extraordinaire, et qui, en plus, était un homme chaleureux ?

Quelques semaines passèrent, je commençais à oublier cette terrible journée et m'apprêtais à partir en vacances, avant le grand départ pour l'Union soviétique. Et voilà qu'arriva des États-Unis un télégramme, avec ses deux petites bandes blanches collées sur le papier bleu :

« Je vous attends le 1er octobre prochain – University of Southern California – Jascha Heifetz. »

Gigantesque point d'interrogation. Mes camarades rêvaient tous d'aller en Californie, j'étais déjà casé à Moscou, pourquoi Jascha Heifetz venait-il se mettre en travers de mon chemin ? En même temps, comment rester indifférent à une telle invitation ?

Après ce qu'il m'a fait endurer, pensai-je, à mon tour de l'auditionner ! Je montai dans ma chambre, où j'avais des piles de disques de David Oïstrakh et de Jascha Heifetz. Je les écoutai, comparai sur mon petit électrophone. Après deux heures, je dis à ma mère :

— C'est à Los Angeles que j'irai.

— Tu es bien sûr ? me demanda-t-elle, peu rassurée par ce brusque revirement. Rappelle-toi, ça s'est si mal passé au George-V !

— Maman, David Oïstrakh, j'admire et je comprends. Jascha Heifetz, je ne comprends pas.

Il y avait sans doute de la bravade dans mon attitude, mais si je choisis finalement l'homme qui me terrifiait et me fascinait, c'était à cause de l'énigme qu'il représentait pour moi. Je sentais confusément que, de tous les violonistes du siècle, il apparaissait comme le plus diabolique et que les mystères du violon étaient de son côté.

5

Assurance zéro

Avril 1987

À défaut de stradivarius, les carabiniers ont donc retrouvé ma Porsche. Quand leur capitaine m'affirme qu'elle n'a pas souffert de son séjour sur ce parking de la banlieue turinoise, il pense à la carrosserie, mais oublie de me signaler un détail important : on a brisé la vitre arrière latérale, à l'évidence pour s'emparer du violon. Ce qui signifie que le voleur a perdu les clefs, ou s'en est débarrassé.

Pour les policiers, le gangster s'offre une promenade dans une belle auto, qu'il abandonne après avoir jeté les clefs. Découvrant dans la presse du lendemain la valeur de l'instrument qu'elle contient, il se précipite pour récupérer le violon, quitte à casser une vitre pour y parvenir. Un vrai voleur de voiture aurait commencé, parce que le négoce d'objets précieux ne lui est pas familier, par faire ce qu'il sait faire : une fois la carrosserie repeinte en blanc ou en rouge et les plaques changées, il confie le véhicule au garagiste de Gênes, Bologne ou Milan avec lequel il est habituellement en affaires. Jamais il ne se privera, en l'abandonnant comme une vieille carcasse, de l'argent facile que peut lui rapporter cette vente. Le violon, il l'aurait considéré comme un cadeau inespéré.

Si la version des enquêteurs est juste, bien peu vraisemblable est la thèse du rapt prémédité par un homme chargé de s'emparer du violon et qui, après avoir étudié mes faits et gestes à Saluzzo, choisit le moment propice pour agir. Je préférerais avoir affaire à un véritable professionnel opérant pour le compte d'un collectionneur ou d'un marchand peu scrupuleux, amateur de beaux violons, passionné par les stradivarius : au moins prendrait-il soin de mon instrument. Et peut-être serait-il accessible à une négociation entre personnes éclairées ?

Le capitaine, toujours optimiste, m'affirme que la voiture, passée au peigne fin par des spécialistes, livrera certainement d'autres indices intéressants. Je ne veux pas le démentir, mais si sa version est la bonne, ces examens sont superflus. Si, au contraire – et je ne renonce pas à cette hypothèse –, il s'agit d'un truand particulièrement calculateur et habile, il a pris ses précautions : avant d'abandonner la Porsche, il efface les traces de son passage en passant un chiffon sur le volant, le levier de changement de vitesse, la poignée de la portière, la position du rétroviseur... Et le tour est joué.

Dans la nuit, une autre idée me vient. Une construction de rêve, de cauchemar plutôt. J'imagine que quelqu'un a fait cela pour me nuire, par haine. Je me représente le Kochanski entre les mains d'un être animé d'une passion vengeresse que j'aurais lésé sans le vouloir, sans même y penser, par indifférence ou distraction. Je le vois armé, dans sa folie furieuse, d'un marteau et d'un biseau. Il s'acharne sur mon instrument, torture les cordes, brise le chevalet, crève les éclisses. Il cherche à le détabler pour l'ouvrir et en percer le mystère, pour en connaître l'organisation intime et la vie intérieure. J'entends les effroyables craquements qu'il parvient à tirer du coffre, mais la colle ne cède qu'en partie. Exaspéré par la résistance que lui oppose le stradivarius, il en bourre le ventre de chiffons imbibés d'essence qu'il glisse par les ouïes, y met le feu et, le poing crispé sur la volute, brandit le violon enflammé comme une torche au-dessus de sa tête et danse sauvagement tout en psalmodiant d'incompréhensibles imprécations.

Cette journée du 21 avril, six jours après le rapt, commence pour moi par une cruelle désillusion. J'ai naturellement appelé mon assureur britannique dès le lendemain du vol, mais je dois reprendre contact avec lui. L'argent ne peut tout réparer, aucun chèque, même pharamineux, ne peut compenser la perte de mon violon, mais j'espère avoir au moins la triste satisfaction d'être dédommagé financièrement dans le cas malheureux où je ne retrouverais pas mon Kochanski – ce qu'au fond je me refuse à envisager.

Rares sont les compagnies prêtes à assurer des instruments aussi précieux et fragiles que les amatis, guarnerius del gesù et autres stradivarius. Voilà des années que je cotise – fort cher : plusieurs dizaines de milliers de francs suisses – aux bureaux londoniens de la *British Reserve*. Depuis le début, à cause des modifications réglementaires du contrôle des changes dû au général de Gaulle, et l'habitude en est restée, je m'acquitte de la prime en liquide : un monsieur élégant, très *british*, avec une serviette de cuir noir, part de Londres en avion et atterrit à Paris pour venir chercher les liasses de billets. Dans ces conditions, mes assureurs ont tout lieu d'être satisfaits de m'avoir pour client !

J'ajoute que je veille sur mon instrument avec soin et méthode. Je le garde toujours avec moi, dans l'avion, dans la chambre d'hôtel, au restaurant. Je ne le quitte pas des yeux dans ma loge ou dans la salle de classe et, quand il m'arrive de devoir sortir même un instant, je le confie à une personne sûre. Et si je n'en trouve pas, je l'emporte avec moi !

Les premiers temps de mon installation en Suisse ont été un peu compliqués. Je louais un appartement dans une banlieue calme de Lausanne tout en me produisant souvent en France et en étant encore professeur au Conservatoire national supérieur de Paris. J'ai alors fait appel à une secrétaire dans la capitale pour m'aider à naviguer dans cette situation complexe. Cette personne a pour responsabilité de suivre les aspects administratifs et financiers de mes affaires et de me décharger de toute préoccupation autre qu'artistique. Elle doit, notamment, s'occuper de la question des assurances. Naturellement, je ne passe pas mon temps à vérifier si ce qui doit être fait l'est, je me repose sur elle et je suis donc persuadé, quand le drame arrive, que mon Kochanski est couvert par l'assurance.

Je téléphone à Londres, on promet de me rappeler. Une heure plus tard, quelqu'un m'informe que mon violon n'est plus assuré. Le coup est violent. Je demande des explications.

— Votre violon n'est plus assuré parce que vous n'avez pas payé la prime cette année.

— Il doit y avoir une erreur ! Cela va faire dix ans que je règle mes cotisations rubis sur l'ongle !

— Oui, mais cette fois, votre secrétaire n'a pas jugé bon de répondre à notre demande de paiement, nous avons donc considéré que vous ne souhaitiez plus être assuré par notre société.

La législation française stipule que l'assureur n'est en droit de considérer un contrat comme rompu que s'il a pris soin de demander à l'assuré par lettre recommandée si telle est bien son intention : une manière assez sage de protéger chacun de ses propres étourderies et manquements. En Angleterre, les procédures sont plus sournoises : si on ne répond pas au premier avis, le contrat est rompu sans autre forme de procès. Mes faux amis de la *British Reserve* sont trop contents de profiter de l'occasion. Quand, quelques semaines plus tard, je me rends à Londres pour discuter avec eux, je me trouve devant des hommes d'affaires froids et sans scrupule, ravis de pouvoir économiser les millions que mon stradivarius représente. Certes, m'explique-t-on, les choses eussent été différentes si j'avais laissé mon violon chez moi pendant deux mois, bien à l'abri dans quelque coffre-fort que des truands auraient fracturé en mon absence. Les circonstances même du rapt, cette espèce de hold-up où, pour une seconde d'inattention, j'ai ma part de responsabilité, me condamnent.

En résumé : le Kochanski était assuré dans ma tête, il l'a été pendant des années, ce qui m'a coûté fort cher, mais le jour où il est dérobé, il ne l'est plus. Non seulement on me l'a volé, mais, en plus, je ne toucherai aucune indemnité. J'ai le sentiment d'être volé une seconde fois. Je devrais être abattu, je ne suis que mortifié.

Avec le recul, j'en arrive à considérer que du mal est sorti un bien, et par la suite, mon naturel optimiste reprenant le dessus, c'est ainsi que toute l'affaire m'apparaît : si la compagnie d'assurances m'avait versé cette somme, quelques années plus tard, une fois l'instrument retrouvé, elle aurait exigé, pour me le restituer, le double ou le triple des indemnités versées, sa valeur ayant considérablement augmenté.

Ce même jour, je m'envole pour Paris en début d'après-midi. Différents rendez-vous m'attendent : mon agent, Michel Glotz, pense qu'il faut insister auprès des assurances et rédiger une lettre commune à envoyer en recommandé avec accusé de réception. Par ailleurs, je dois retrouver l'assistante de Jacques Chancel – en mélomane averti, il n'a jamais cessé, malgré les vents contraires et la dictature de l'Audimat, d'intéresser le grand public à la musique classique. Je serai son invité le 9 mai sur France Inter et deux semaines plus tard pour *Le Grand Échiquier* sur France 2, avec Mstislav Rostropovitch. En 1983 déjà, j'ai participé à son émission au cours d'une soirée mémorable avec l'Orchestre national de France et Emmanuel Krivine.

Ce qui n'est pas prévu, c'est que la première chaîne, en général peu portée sur la musique classique, mais fascinée par le vol du stradivarius, me propose de passer en direct au journal télévisé.

Je suis parfaitement conscient, en acceptant l'invitation, que ma présence sur le plateau de la Une, ce soir-là, devant dix millions de téléspectateurs, n'est pas due à ma qualité de virtuose mais à la rareté de l'événement : c'est la définition même de l'information. Tous les jours à Paris et dans l'ensemble du pays se donnent des centaines de concerts et de récitals, la télévision nationale ne peut évidemment les annoncer tous et encore moins en faire la matière d'un reportage ou l'occasion d'une interview.

J'insiste sur ce point, car ma prestation ce soir-là, jugée bonne par ceux qui l'ont vue, précisément parce qu'elle est sincère et spontanée, a alimenté quelques insinuations malveillantes sur ma prétendue capacité à retourner en ma faveur la situation la plus désespérée, à la transformer en formidable coup de publicité.

La journée a été éprouvante, mon désarroi est réel et visible, même si, dans un coin de mon cerveau, subsiste la conscience vive de devoir utiliser cette tribune qui m'est offerte par Patrick Poivre d'Arvor pour lancer, en répondant sans détour à ses questions avisées, un message clair aux ravisseurs du Kochanski (si le strad a déjà passé la frontière, Turin n'étant qu'à quelques dizaines de kilomètres du territoire français) : ils ne pourront tirer de mon violon qu'une somme dérisoire, comparée à sa valeur historique et artistique, et ils sortiraient grandis de cet épisode malheureux en choisissant de me le restituer.

En grand professionnel qu'il est, Poivre d'Arvor me met en confiance. J'ai le sentiment de pouvoir communiquer au téléspectateur quelque chose d'essentiel de ce qui constitue la relation d'un interprète à son instrument. On s'amuse parfois, quand cela n'agace pas les esprits rationnels et positifs, de ma façon de parler de mon Kochanski. Fétichisme excessif, croyance animiste, j'ai tout entendu. Pis encore, peu de temps après le drame, à un moment où je suis particulièrement vulnérable, cette réflexion du chef Eliahu Inbal, à la Fenice de Venise, le premier soir d'une série de quatre concerts. Nous nous connaissons depuis nos études, il était à la tête de l'orchestre du Conservatoire et moi parmi les musiciens, avec des étudiants comme Emmanuel Krivine ou Frédéric Lodéon. À Venise, nous obtenons un grand succès, surtout le concerto et son soliste, qui bénéficie de la curiosité d'un public informé du vol par la presse et la télévision italiennes. Le grand luthier suisse Pierre Gerber m'a prêté un excellent violon, un pressenda, au son puissant et velouté qui fait merveille dans le concerto de Mendelssohn. Nous en sommes à notre septième ou huitième rappel, quand Eliahu Inbal, qui cache mal son agacement, me murmure à l'oreille, les lèvres pincées :

— Je ne sais vraiment pas pourquoi tu fais toute cette histoire pour ton Kochanski, tu vois bien que tu as autant de succès sans lui !

Eh bien non ! Quand j'évoque l'âme de mon violon, au-delà de cette petite pièce de bois qui réunit table d'harmonie et fond, au cœur même du processus physique de la vibration et de ses conséquences acoustiques, je veux seulement dire qu'à l'intérieur de cette boîte il y a une vie, et que de cette vie sortent des sons qui nous dépassent. Affirmer que le violon ne fait pas qu'*émettre* des sons, mais qu'il *enregistre* aussi quelque chose de la personnalité de celui qui le joue est ma conviction la plus profonde.

6

Jascha Heifetz, mon maître

Le 28 septembre 1966, je m'envolai pour Los Angeles. On imagine mon impatience et mon exaltation. On est très sérieux à dix-sept ans. Sérieux et ne doutant de rien : je partais conquérir le Nouveau Monde, et surtout mon nouveau maître. À ces sentiments s'ajoutait un peu d'inquiétude : pour la première fois j'allais me retrouver seul, loin de ma famille.

Maman se demandait si je saurais affronter cette ville tentaculaire où semblaient se donner rendez-vous tous les dangers et toutes les tentations. Il s'agissait d'un saut dans l'inconnu. J'ignorais où je logerais, combien de temps l'expérience durerait, combien elle coûterait. En même temps, je sentais confusément qu'il me fallait m'éloigner de la sollicitude enveloppante des miens, de leur affection dévorante. Je brûlais du désir de me confronter à la vraie vie.

Quand l'avion se posa sur le tarmac de l'aéroport international et que je fis mes premiers pas sur le sol californien, la première sensation que j'éprouvai fut celle, jubilatoire, de la présence toute proche de l'océan. L'air marin se combinait aux riches effluves qui émanaient d'une végétation luxuriante omniprésente. Cette proximité du Pacifique me conforta dans la certitude que je n'avais pas eu tort de préférer la chaleur tropicale de Los Angeles au rude climat moscovite.

Par le biais du Lions Club, mon père connaissait quelqu'un dans la ville. Cet ami m'attendait et me conduisit, avec violon et bagages, à l'University of Southern California, où il me déposa en me souhaitant bonne chance. Je cherchai la faculté de musique, en gardant dans ma poche mon précieux télégramme, tel un sauf-conduit.

Il n'y avait personne pour me renseigner. J'avisai un garçon assez grand, en jean, chemisette bariolée, bottes de cowboy, et dont le visage buriné me donnait à penser qu'il n'était pas étudiant. Je lui demandai s'il savait quand monsieur Jascha Heifetz commençait ses cours. Il examina mon papier bleu avec un sourire narquois et répondit d'une voix traînante :

— Bien malin celui qui pourra te dire quand Jascha Heifetz reprendra ses cours. Entre le 1er et le 31 octobre.

Me voyant désemparé, il ajouta, en me rendant le télégramme :

— Tout ce que je peux te dire, mon jeune ami, c'est que c'est toujours le mardi et le vendredi qu'il fait cours, et toujours à onze heures.

L'homme et son ton condescendant ne me plaisaient pas, je tournai les talons. Deux secondes plus tard, il me rappelait.

— Encore une chose, mon ami. Si tu veux être accepté à son cours, il faudra venir en costume-cravate. C'est la règle.

Un jeune homme, un peu plus âgé que moi, m'aborda. Il avait entendu prononcer le nom de Jascha Heifetz, dont il était l'élève depuis un an. Paul Rosenthal devint par la suite un très bon ami et le meilleur violoniste du Grand Nord des États-Unis. Il me confirma ce que je venais d'apprendre et me proposa de loger chez lui, dans le petit studio qu'il louait à proximité du campus, en attendant que j'eusse trouvé une chambre dans les environs.

Du célèbre virtuose, je ne connaissais ni l'adresse ni le numéro de téléphone, bien protégés, il ne me restait donc qu'une chose à faire : prendre mon mal en patience. Et, tous les mardis et vendredis, mettre mon complet, ma meilleure chemise et une cravate pour venir me poster, avec mon violon, dans le parking devant la faculté un peu avant onze heures afin d'être sûr de ne pas le manquer.

Ce manège se répéta jusqu'à la fin du mois. Le 30 octobre, je vis une magnifique Bentley gris foncé entrer à petite allure dans le parking. Très droit et digne, Jascha Heifetz était assis au volant. Quand je m'approchai, il me regarda comme s'il ne m'avait jamais vu. Je déclarai en français :

— Vous m'avez demandé de venir... me voici.

Je m'abstins de préciser que j'étais là depuis un mois, me sentant déjà assez ridicule sans en rajouter. Dans un français impeccable il me répondit :

— Vous parlez l'anglais, je suppose ?

— Plutôt mal, *sir*.

— Vraiment regrettable, car ce sont les derniers mots en français que vous allez entendre de moi. À partir de maintenant, tout se fera en anglais.

Je le suivis religieusement. Il me montra l'endroit où avaient lieu les cours ; mon travail avec lui commença. Et ce fut horrible. Une continuation de l'atroce séance du printemps, des 6 juin à répétition. En trois ou quatre cours magistraux, il me démontra que j'ignorais tout de la technique du violon. En conséquence de quoi, pendant un semestre interminable, je ne fis que des gammes.

Des gammes, encore des gammes, rien que des gammes. Dix heures par jour, dans la cave de l'université où j'avais trouvé un coin tranquille pour travailler. M'étant préparé au pire, je n'étais pas trop déprimé, mais j'avais l'impression de régresser.

Après un an, je pus envisager de travailler autre chose que des gammes ; nous commençâmes à faire de la musique. Après tout, j'étais venu pour cela. Les cours débutaient à onze heures du matin, nous étions de deux à cinq élèves, jamais plus. À dix-sept heures, le maître nous invitait à sortir de la salle, et nous prenions place sur un banc dans le couloir pour attendre le verdict. Lequel était formulé en termes simples et expéditifs : mardi – ou vendredi – prochain, vous revenez. Chaque fois, on risquait d'être congédié, à chaque cours on était remis en question jusqu'au suivant. Et la sentence était sans appel !

Comme pédagogue, Jascha Heifetz avait mauvaise réputation parmi ses pairs. Elle n'était pas tout à fait usurpée. Il partait de l'idée que plus un élève était rudoyé, plus on lui créait de problèmes, mieux il serait armé pour sa vie de musicien. Je découvris plus tard que certains confrères – Yehudi Menuhin, par exemple – ne l'aimaient pas, peut-être à cause de ses méthodes pédagogiques, mais pour d'autres raisons aussi, humainement plus compréhensibles.

En réalité, Jascha Heifetz reproduisait l'enseignement de Leopold Auer (qui eut également pour élèves Ephrem Zimbalist et Misha Elman), à Saint-Pétersbourg au début du siècle. Un jour, en veine de confidence, il me raconta sa rencontre avec Leopold Auer. Le petit Jascha était né à Vilnius, en Lituanie, la première année du XXe siècle. Son père était un modeste violoniste à l'orchestre municipal. Un jour, le célèbre Leopold Auer, qui était considéré, avec Eugène Ysaÿe, comme le maître par excellence de l'enseignement du violon, vint à passer à Vilnius. Monsieur Heifetz père lui demanda une audition pour son fils, âgé de huit ans. Auer détestait les enfants, particulièrement les petits prodiges. Mais le père insista tellement qu'il finit par accepter d'écouter Jascha. Impressionné par le talent du garçon, il acquiesça :

— Il a quelque chose. Qu'il vienne à Saint-Pétersbourg, je m'occuperai de lui.

Le père, qui avait fait toute sa carrière à Vilnius, n'était pas riche ; il n'hésita pas une seconde. Il vendit sa maison, partit s'installer, avec Jascha et la famille, dans la capitale de l'Empire russe. Hélas, quand l'enfant se présenta au conservatoire, Leopold Auer ne le reconnut pas. Ce n'était pas la meilleure des entrées en matière, et ce qui suivit fut de la même veine. À la dure, tel était à l'époque le mot d'ordre éducatif ; la musique n'y échappait pas. Cette pédagogie, qui nous paraît aujourd'hui aberrante et inacceptable, marqua Jascha Heifetz en profondeur, au point qu'il reproduisit l'attitude de son professeur de la manière la plus vive.

Je compris avec un peu de retard le sens de la présence du virtuose dans ce palace de l'avenue George-V. C'est peu de dire que les jeunes talents américains du violon ne se pressaient pas à l'entrée de l'USC ! Ils allaient s'inscrire à la prestigieuse Juilliard School de New York ou alors s'expatriaient à Vienne, à Berlin, à Budapest. Comme professeur, Jascha Heifetz était quasiment évité. Redouté comme il l'était, sa réputation était telle que, pour trouver des élèves, le maître avait dû les chercher aux quatre coins du monde. Dans les diverses capitales où il séjournait, d'anciens étudiants ou des violonistes confirmés qui le révéraient étaient chargés du recrutement. Sa tournée, organisée par l'université, l'avait donc conduit à Paris, où il appartint au talentueux Ivry Gitlis de jouer les agents recruteurs...

Quand je compare mon existence parisienne, le confortable cocon que m'avaient tissé des parents aimants et des professeurs indulgents, à l'enfer que je vécus les premiers temps à Los Angeles, la ville la plus inhumaine du monde à l'époque, je m'étonne d'avoir tenu bon si longtemps et de n'être pas rentré rapidement à Paris.

Je venais pour travailler le concerto de Beethoven, Jascha Heifetz me mettait en garde.

— Vous voulez jouer ce concerto ? Jouez-moi d'abord la gamme de *ré* majeur en octaves doigtées.

Et cela ne manquait pas : dès qu'une note n'était pas parfaitement juste, il m'arrêtait, impitoyable.

— Vous voyez que vous n'êtes pas encore prêt pour jouer ce concerto ! Rentrez chez vous, travaillez. Vous reviendrez quand vous serez prêt.

Je ne me plaignais pas, je travaillais sans relâche, et il trouvait toujours quelque chose pour couper mes élans. Il m'obligeait ainsi à pratiquer trois fois plus que je ne l'aurais fait si j'étais resté en France. Cette méthode de démolition systématique aurait pu se révéler désastreuse. Mais j'ai tout enduré, peut-être parce que je devinais dans l'attitude de mon maître l'expression d'une sensibilité torturée.

Jascha Heifetz était un homme très seul, se livrant peu. Il s'est toujours exclu du monde. Sa musique, pourtant, portait en elle une rare puissance émotionnelle, mais dès qu'il rangeait son violon dans son étui, son visage devenait un masque. Pas étonnant qu'il ait fait toute sa vie, là où d'autres ont su les séduire sans scrupule, le contraire de ce qu'il fallait pour communiquer avec les médias.

Après un an de ce régime, il mesura ma volonté et dut constater que je ne me laissais pas décourager. Notre relation se détendit, prit un tour plus humain – même si je ne reçus jamais une approbation que du bout des lèvres. Un jour, après l'avoir longtemps travaillée, je lui jouai la chaconne de Bach, avec la ferme intention de produire quelque chose de fort, de beau – de conquérir mon professeur. À la dernière note, Jascha Heifetz me regarda, l'air surpris, et me dit :

— *I have heard worse.*

Je rentrai dans mon studio, à proximité de l'université, me couchai sur le lit, enfouis ma tête dans l'oreiller et éclatai en sanglots. Ce n'était pas la première fois, mais cette fois, c'étaient des larmes de joie ! Je venais de gagner une bataille. « J'ai entendu pire » était, en effet, dans le langage du maître, le maximum de ce que l'on pouvait espérer en guise d'encouragement.

Le maître avait veillé, sans prévenir mes parents, à ce que mes études ne leur coûtent rien. Ma bourse universitaire était donc renouvelée tous les ans. Mes parents m'envoyaient une certaine somme pour subvenir à mes besoins. J'avais loué un petit studio meublé, sur Figueroa Street, tout près de l'USC. Le quartier de Watts, au sud de *downtown*, était haut en couleur, mais assez dangereux. C'était l'époque des grandes émeutes, il était déconseillé de sortir le soir. Dans les premiers temps, je n'avais pas les moyens de m'offrir une auto et Los Angeles – cela n'a pas beaucoup changé depuis – est une ville où l'on ne se déplace guère qu'en voiture.

Pour arrondir mon pécule et gagner un peu d'argent de poche, je travaillais secrètement comme pompiste dans une station-service ouverte la nuit, à Hollywood. Le travail était fatigant, mais il me délassait de mes heures de violon quotidien, et cela m'amusait. La mode sur la côte ouest était encore aux grandes limousines décapotables. J'ai vu défiler des Lincoln blanches larges comme des autobus, d'interminables Oldsmobile noires, des Packard au museau élargi, des Cadillac à grosse poitrine ! Autre avantage, je perfectionnais mon anglais, et ce n'était pas celui que l'on parlait à l'université. En très peu de temps, je maîtrisai assez bien la litanie des jurons et insultes les plus usités dans le pays.

La nuit, dans les stations-service, il se passe des choses étonnantes, surtout en Californie. Des gens que vous aviez vus la veille sur un écran de cinéma apparaissent dans la réalité devant vous sans crier gare. Un soir, je vis arriver une superbe Studebaker jaune flambant neuve. Le chauffeur eut du mal à se garer devant la pompe : d'abord, il la dépassa, puis, voulant reculer, faillit l'emboutir. Il réussit enfin à se positionner correctement, parvint à extraire sa lourde carcasse de la voiture et commença par allumer une cigarette, ce qui n'était pas fait pour me rassurer. L'homme avait un visage carré, le nez cassé d'un boxeur, les yeux tombants, les paupières alourdies, un foulard rouge autour du cou. C'était Robert Mitchum le magnifique. Il me demanda le plein et me regarda procéder, hilare. Je lui suggérai, de la façon la plus urbaine, d'éteindre sa cigarette. Il me dévisagea, étonné, fixa le bout incandescent de son mégot et, l'air absolument désolé, l'écrasa contre sa bottine. Comme pour s'excuser, il me servit un pourboire royal et démarra sagement – j'eus l'impression d'être le nouveau shérif de Los Angeles.

Bien sûr, je ne me vantais pas auprès de Jascha Heifetz de ma vie nocturne. Je redoutais surtout l'odeur d'essence qui m'imprégnait les mains. Quand il s'approchait de moi pour me montrer certains doigtés ou coups d'archet, il était visiblement surpris, imaginant sans doute, comme lui aussi aimait les voitures, que je bricolais des moteurs après mes cours.

Au bout de deux ans, avec l'argent gagné par le pompiste, l'étudiant que j'étais put s'offrir une petite voiture – une Volvo rouge en parfait état de marche, achetée à la mère d'un ami –, ce qui changea beaucoup de choses dans ma vie. Je pus habiter un studio plus grand dans un quartier plus calme et plus agréable, j'eus les moyens de devenir sociable, je connus une jeune et jolie Californienne.

Je garde donc un très bon souvenir de cette période, d'autant plus que, dans le même temps, je sentais que mon maître m'avait définitivement adopté. Nous commencions réellement à parcourir ensemble un grand chemin.

Un jour, la télévision californienne vint filmer le professeur dans ses œuvres, et Jascha Heifetz me choisit pour être l'élève. La scène se passait dans sa villa de Beverly Hills, on voyait le maître dans le jardin, le sécateur à la main, tandis que le commentateur expliquait qu'après avoir parcouru trois millions et demi de kilomètres – quatre fois la distance de la Terre à la Lune – tout au long de sa vie de concertiste, Jascha Heifetz consacrait désormais l'essentiel de son temps à l'enseignement. C'est là que j'entrais en scène. Heiftez et moi prîmes place côte à côte sur la terrasse de sa villa et jouâmes devant les caméras.

J'ai revu la cassette récemment. « Jascha Heifetz et son élève, le jeune virtuose français Pierre Amoyal, exécutent une passacaille de Haendel », explique le journaliste. Mais ce qu'il ne dit pas, et que l'image restitue de façon éclatante, c'est le bonheur partagé et complice des deux interprètes. Jascha Heifetz, comme à l'accoutumée très droit et raide dans son attitude, est tourné vers moi et me couve du regard, son visage est serein, souriant même – fait exceptionnel.

J'ai toujours pensé que son côté guindé, cette élégance un peu forcée étaient une réponse à la modestie de ses origines. S'il ne souriait jamais en public, c'est qu'il était complexé par sa dentition : il avait les dents très écartées l'une de l'autre et ignorait que cette particularité s'appelle les dents du bonheur ; il trouvait qu'il avait l'air un peu naïf en souriant. Mais en privé, quand il se détendait, son sourire laissait apparaître un homme généreux, capable de tendresse, très loin de l'image du personnage froid, distant et rigide que la rumeur et une certaine malveillance envieuse donnaient de lui.

L'été suivant ma troisième année californienne, je ne rentrai pas en France pour les vacances. Jascha Heifetz, ravi de ma décision, me proposa de travailler, de façon tranquille et approfondie, le concerto de Beethoven.

— Je crois, ajouta-t-il avec une expression espiègle, que cette fois, nous sommes prêts tous les deux.

Là, je rencontrai un Jascha Heifetz que peu de personnes ont connu. Nous travaillions non à l'université, ni même dans sa belle villa de Beverly Hills, mais dans la petite maison qu'il possédait à Malibu, directement sur la plage. Je venais presque tous les matins, il me recevait très décontracté en bermuda, pas encore rasé, et nous commencions la journée par une grande promenade le long de l'océan. Il me parlait de sa vie, de la musique et de son rapport compliqué avec les femmes, me confiait ce qu'il avait de plus personnel. Nous travaillions deux ou trois heures le concerto et puis nous jouions au ping-pong. Je lui servais de partenaire-instructeur. Les rôles étaient inversés : j'étais doué dans cette discipline et je lui apprenais les services liftés, les revers sur les lignes et les smashes sans retour.

Un jour, à la fin de l'été, il m'annonça :

— J'ai un petit cadeau pour toi.

Il me tendit un manuscrit, que je possède toujours : la fameuse cadence du concerto de Beethoven qui lui avait été transmise par Leopold Auer à l'oreille, et qu'il s'était appliqué à mettre par écrit à mon intention. À ce moment-là, j'ai vraiment senti qu'il me transmettait le flambeau.

Mon apprentissage auprès de Jascha Heifetz dura donc cinq ans. Sans concerts. Il nous arrivait pendant les week-end de jouer, chez des privilégiés, de la musique de chambre, mais à un niveau météorique. À plusieurs reprises, notre quatuor fut composé de Jascha Heifetz comme premier violon, de William Primrose à l'alto, de Gregor Piatigorsky au violoncelle et de moi, au milieu de ces légendes vivantes, au second violon, parfois même au premier ! Il y avait à Los Angeles de nombreuses familles célèbres ou riches, le plus souvent les deux, qui connaissaient Jascha Heifetz et l'invitaient, lui et ses partenaires, à dîner. Nous arrivions en fin d'après-midi dans quelque somptueuse villa de Brentwood ou de Pacific Palisades, et pendant une heure ou deux, devant une assistance d'une cinquantaine de personnes, nous faisions de la musique de chambre, comme du temps de Schubert. Il s'agissait parfois d'amis appartenant à l'importante communauté juive installée sur la côte ouest. J'ai connu là des gens extraordinaires. Ainsi nous avons joué chez Kirk Douglas – son fils, le jeune Michael, devait faire partie de l'assistance –, chez d'autres grands acteurs, des metteurs en scène, des producteurs, qui invitaient leurs amis en disant : « Nous avons Heifetz ce soir, il fera de la musique de chambre. »

Parfois le maître m'indiquait à l'avance ce que nous allions interpréter, mais le plus souvent je le découvrais au dernier moment et je devais déchiffrer la partition d'un quatuor de Beethoven ou d'un quintette de Schumann avec piano. C'était assez inconfortable, parce que nous ne nous arrêtions pas pour reprendre si quelqu'un s'était perdu, nous devions retrouver notre chemin discrètement. J'acquis ainsi des réflexes hors du commun et je garde de ces moments-là des souvenirs fabuleux.

Un jour, lors de ma dernière année à Los Angeles, arrivant en cours, je vis, posée sur le piano, une boîte de violon qui n'était pas là d'habitude. J'allais sortir le mien de son étui, quand Jascha Heifetz me dit :

— Non, ouvre cette boîte, essaie cet instrument.

Je sortis un très beau vuillaume à la robe brillante orangée et je jouai la deuxième sonate de Brahms en *la* majeur. Le maître ne fit aucun commentaire particulier, le cours se déroula comme si de rien n'était. À la fin, il me demanda, presque distrait :

— Comment tu le trouves ?

— C'est le meilleur violon que j'aie jamais eu entre les mains.

C'était la vérité.

— Considère qu'il est à toi.

Je sus par la suite que ce violon, qu'il m'offrit sans cérémonie, n'était pas un instrument qui lui appartenait et dont il aurait décidé de se séparer. Non, il alla l'acheter chez le meilleur luthier de Los Angeles et en fit l'acquisition lui-même. Je ne suis pas sûr que les donneurs de leçons qui accablaient Jascha Heifetz de leurs sarcasmes auraient été capables d'une telle générosité.

J'avais bâti avec mon guide un répertoire très complet, il était temps de penser à mon avenir professionnel, à ce que je comptais faire de mes années d'apprentissage et du capital de concertos et de sonates que je m'étais constitué. Les grands concours internationaux semblaient alors le plus sûr chemin pour qui voulait embrasser une carrière de concertiste de haut niveau.

Un soir, après la leçon, je demandai à Jascha Heifetz si je ne devais pas penser à me présenter à l'un de ces concours, par exemple au très convoité Reine Élisabeth de Belgique. Cela me permettrait de me situer par rapport aux autres jeunes virtuoses de ma génération. Il me fixa d'un air absolument atterré et me dit :

— Nous avons travaillé ensemble cinq années et tout ce que tu espères de la vie est te présenter à des concours ? *You want to be a number ?*

Il pensait sincèrement que les concours avaient autant de chances de bénéficier à la formation de jeunes artistes que les courses de chevaux d'améliorer la race chevaline. Il ne fut donc plus jamais question pour moi d'y prendre part.

Arriva le jour du dernier cours. Il me regarda.

— Je crois bien que nous avons fini.

C'était vrai, nous avions fait le tour du grand répertoire.

— Oui, il faut que je rentre en France. Le service militaire m'attend.

Ce soir-là, il m'invita chez lui, pour le dîner d'adieu. Il vivait seul, m'avait confié beaucoup de choses, je perdais plus qu'un grand professeur, un ami, un compagnon, un père. Nous bûmes trop de vodka, pour noyer le chagrin de devoir nous quitter.

Quelqu'un de la firme Deutsche Grammophon, ayant appris que Jascha Heifetz avait un étudiant prometteur, m'avait abordé pour me proposer un contrat et un premier enregistrement qui pouvait lancer ma carrière. Le moment était venu de lui en parler.

— Mais, Pierre, s'écria-t-il en m'agrippant le bras, c'est une compagnie allemande ! Tu devrais préférer mourir plutôt que d'enregistrer pour eux !

Il ne s'agissait pas de rigidité, mais d'une forme de fidélité à sa mémoire juive et à sa famille. Il n'avait pas pardonné. Après la prise de pouvoir par les nazis, il n'était jamais retourné en Allemagne, de la même façon qu'il n'avait jamais accepté d'étudiant allemand.

Je rayai donc Deutsche Grammophon de mes projets. Je ne fus pas toujours aussi docile. Si je voulais me développer et voler de mes propres ailes, il me fallait couper le cordon ombilical, sortir de la zone d'influence du mentor.

Quand on se choisit un maître d'une telle dimension, le problème est de ne pas se laisser dévorer par sa personnalité. Il faut beaucoup de lucidité et de force de caractère pour imaginer qu'on saura en tirer le meilleur parti sans pour autant devenir un simple héritier – je ne manquais ni de l'une ni de l'autre.

Jascha Heifetz fut pour moi un guide inouï, incroyablement exigeant, un cataclysme positif. Un jour, je jouai le *Rondo Capriccioso* de Saint-Saëns.

— Je n'aime pas beaucoup, me dit-il. Je ne l'aurais jamais joué ainsi. Mais ne change pas une note à ce que tu as fait : c'est toi, et tu auras du succès si tu sais rester toi-même.

Il aurait pu me détruire sans le vouloir. C'était à moi de me défendre, et je me suis défendu. Ses leçons, je m'en suis servi. Elles me guident encore tous les jours. Elles ne m'ont jamais quitté.

7

Dans le noir

Juillet 1987

Un soir de juillet, enfin l'appel que j'espérais ! Le propriétaire d'un restaurant de Saluzzo me téléphone à Lausanne. Quelqu'un prétendant savoir où se trouve mon stradivarius souhaite me rencontrer, me dit-il. Je n'hésite pas une seconde – heureusement, je n'ai pas de concert dans l'immédiat : tôt le matin, je fonce vers l'Italie.

À Saluzzo, le patron du *Piccolo Mondo* m'attend. Je le connais vaguement, ayant parfois dîné dans son établissement avec des collègues de l'école de musique. Il assure ne rien savoir de l'homme qui l'a appelé, mais celui-ci doit se manifester dans la soirée. Les heures passent, personne ne vient. Le restaurateur est embarrassé : demain, peut-être ? Je décide de couper court.

— S'il n'a pas rappelé demain avant midi, je rentre en Suisse.

Il promet de transmettre. Le lendemain, en fin de matinée, on me téléphone à l'hôtel. Le patron du *Piccolo Mondo*, très excité, me dit :

— Venez ce soir, à onze heures et demie, notre homme sera là.

Je suis ponctuel. La salle est vide, les derniers clients sont partis. C'est une nuit d'été chaude et lourde, pas un souffle de vent, la petite ville est endormie. Longue attente. Je fulmine intérieurement, partagé entre espoir et découragement. Vers deux heures du matin, alors que j'ai résolu cent fois de me retirer, arrive en trombe une Peugeot 205 GTI blanche. Elle pile devant le *Piccolo Mondo*, avant de faire une marche arrière rageuse pour se garer.

En sort un individu de taille moyenne, gras et ventru, sans cou, pas rasé, frisé de partout, vêtu d'un pantalon de couleur indéfinissable et d'une chemisette rose à rayures rouges, ornée sous les bras de larges cercles de transpiration. Il s'avance vers moi et me tend une main molle.

— Monsieur Amoyal, je suppose. On m'a demandé de vous conduire chez quelqu'un qui peut vous fournir des renseignements.

Le patron lui sert une bière. L'homme a posé son sac entrouvert sur le comptoir. J'entrevois la crosse d'un revolver. Aurais-je dû prévenir les carabiniers ? Non, l'intervention de la police aurait sans doute fait fuir mes interlocuteurs.

L'homme vide sa chope, puis tire un foulard noir de son sac.

— Ne le prenez pas mal, mais la personne en question ne tient pas à être localisée. Je vais donc vous mettre ce bandeau sur les yeux, vous ne devez pas savoir où je vous emmène.

Il fixe le foulard, vérifie qu'il est bien ajusté, que je ne vois pas à travers. En effet, je suis dans le noir le plus complet. Puis il me prend par le bras et me guide jusqu'à la voiture. Nous roulons un moment qui me semble assez long, mais j'ai l'impression que nous tournons en rond. Il est vrai que, dans toute cette histoire, je suis dans le noir depuis le début et je n'arrête pas de tourner en rond.

Finalement, la voiture s'immobilise. Nous voici arrivés. Le malfrat me reprend le bras, nous grimpons une volée de marches.

Le bandeau retiré, je découvre un salon lugubre, pauvrement meublé, où règne une désagréable odeur de moisi et de tabac froid. Si ce chien qui aboie dans une pièce de la maison voulait bien cesser !

Je prends place sur un canapé bas, à demi éventré. Assis sur des fauteuils en rotin, deux hommes me font face : le gras qui sue à grosses gouttes et un individu plus âgé, au teint bistre. Tout recroquevillé sur son siège, il porte en pleine nuit des lunettes de soleil et un feutre mou. Avant de se décider à parler, il m'observe un long moment.

— Si vous êtes prêt à payer une certaine somme, nous sommes en mesure de vous aider à récupérer votre instrument.

Je flaire l'escroquerie, mais il ne sera pas dit que je n'aurai pas tout essayé.

— Vous prétendez connaître ceux qui ont mon violon, quelles garanties pouvez-vous me donner ?

L'homme a prévu ma question.

— Je peux vous dire, par exemple, que dans l'étui du stradivarius se trouve aussi une paire de boutons de manchettes en or de la marque Cartier.

C'est exact. Voilà toujours un point de départ.

— Combien voulez-vous ?

— Cinq millions de lires pour voir et un peu plus pour conclure l'affaire.

Le gros transpire tellement qu'il embaume tout le pavillon. Ils ont l'air d'escrocs minables et me font pitié. Mais à quoi d'autre puis-je me raccrocher ?

Le bandeau remis, on me ramène devant le restaurant. Le lendemain, je rentre à Genève.

Ces deux-là ne m'inspirent pas confiance, cependant ils ont évoqué les boutons de manchettes. Comment ont-ils pu connaître cet élément qui n'a figuré dans aucun journal ? Tout à coup, je me rappelle que la présence des boutons est mentionnée dans le rapport de police. Voilà qui change la donne...

Par l'intermédiaire du patron du *Piccolo Mondo*, je reprends contact avec ces individus, en exigeant des détails que les carabiniers ont omis de signaler dans leur déposition. Les deux compères n'ont plus jamais donné signe de vie. Il s'agissait donc bel et bien d'une tentative d'escroquerie. Ce ne sera pas la dernière.

Pendant que je pleure mon Kochanski perdu, on tue, on viole, on braque des banques, on pose des bombes comme tous les jours que Dieu fait en Italie, et Dieu sait que dans ce merveilleux pays, il s'en passe, chaque jour! Je comprends donc bien que les carabiniers ont d'autres préoccupations. L'enquête piétine. Je dois me fier à la police, laquelle me semble battre dans cette affaire des records de lenteur. La petite vitre latérale gauche brisée intrigue le capitaine chargé de diligenter l'enquête. Après mûre réflexion, l'idée qu'il s'agit peut-être d'une mise en scène finit par l'effleurer. Quant à la Porsche, je la rapatrie en Suisse, bien décidé à m'en débarrasser au plus vite.

Beaucoup plus grave, je ne parviens pas à retrouver, avec les divers instruments que je joue, les sensations et le plaisir que me donne le Kochanski. Cette affaire m'épuise tandis que son retentissement médiatique exaspère certains confrères. Charles Dutoit ne m'a pas pardonné mon annulation, pas plus que le chef permanent de l'orchestre de Philadelphie, Riccardo Muti. Pourquoi tant d'histoires à propos d'un violon volé, fût-ce un stradivarius? Peut-être n'ai-je pas su communiquer ce que je ressens.

Aux témoignages de sympathie se mêle la solidarité de nombreux confrères. Ainsi Salvatore Accardo n'hésite pas à me prêter son stradivarius pour un concert important. La confrérie des luthiers, avec, à sa tête, Étienne Vatelot et Bernard Millant à Paris, Desmond Hill à Londres, Pierre Gerber à Lausanne, m'apporte une aide inestimable. Grâce à leur réseau de relations à travers le monde, aucun collectionneur digne de ce nom n'osera se présenter devant eux avec le Kochanski.

Lors de mon entretien sur France Inter avec Jacques Chancel, dans *Quotidien pluriel*, une émission du samedi matin, je raconte un rêve pour le moins curieux, sinon prémonitoire, que je fis dans la nuit du 14 avril, la veille du vol : le chirurgien Raymond Vilain, que j'ai un jour consulté, me téléphone, m'invitant à assister à une opération exceptionnelle. Je me rends à l'hôpital, et vois sur la table d'opération un bébé aux deux mains sectionnées. Celles-ci sont posées à côté des poignets qui ne saignent pas. La coupe est impeccable et propre.

Cette émission de radio me vaut un courrier abondant et parfois très étrange. Des amis, proches ou lointains, des collègues, des confrères (tels Alexis Weissenberg, Stéphane Grappelli, Salvatore Accardo), d'anciens élèves et beaucoup d'inconnus, surtout des femmes, ont à cœur de me manifester leur sympathie. On me plaint, on me console ou on m'encourage. Certaines lettres sont émouvantes : une auditrice âgée, qui jouait du violon dans ses jeunes années et a été émue aux larmes en m'entendant raconter mon Kochanski, se propose de m'offrir son violon d'étude, certes pas un strad, mais un bel instrument, vieux de soixante ans. D'autres sont plus intéressés, tel ce collectionneur de Winterthur, alerté par un article dans l'hebdomadaire *Blick*, qui me donne du « *Sehr Geehrter Herr Bierre Amonjal* » et veut me vendre un Mathias Klotz (1656-1743) de 1700, en parfait état, prix élevé justifié. Un Allemand encore, amateur d'autographes, s'adresse à moi tout aussi poliment en déclinant mes trois prénoms, Pierre Alain Wilfred, se plaint de n'avoir pas reçu de réponse à une lettre antérieure et me demande de lui fournir deux portraits dédicacés pour sa collection de musiciens célèbres.

Une dame, domiciliée à Sens, qui se décrit comme handicapée, malade, pauvre et seule dans la vie, m'offre son aide. Elle priera Dieu pour que je retrouve mon cher instrument contre une certaine somme dont elle me laisse libre, dans sa grande bonté, de fixer le montant. Dans le même ordre d'idées, à croire que, pour certains, sacerdoce rime avec négoce, un ami des Pères du Saint-Esprit, en échange d'un don « important » au profit des Orphelins d'Auteuil, plaidera en ma faveur auprès du défunt père Brotier, récemment béatifié, afin qu'il fasse un miracle. Et, se souvenant peut-être du pari de Pascal, ce correspondant ajoute : « Peut-être notre idée est-elle farfelue, mais il n'y a aucun risque à l'essayer. »

Oublions cette personne un peu dérangée qui, après une rafale de huit cartes postales, m'expédie une dissertation de vingt-huit grandes pages sur papier d'écolier pour me livrer le sens caché du vol de mon instrument. Le ton gentil du début tourne vite à l'aigre et au fiel : « Je trouve que vous vous apitoyez un peu trop sur vous-même, monsieur l'Artiste. Je vous aime bien, mais vous êtes un idolâtre. »

Une baronne de Neuilly m'engage à confier l'affaire à un penduliste très connu en Suisse, le père Seiler, exerçant à Berne, et me conseille de lui envoyer un objet témoin, porté par moi au moment des faits, ma montre-bracelet par exemple. Une dame croit savoir que « la route des violons volés est en général : Milan-Chiasso-Zurich-USA » et qu'« elle passe par les luthiers officiels suisses et américains ». Une autre, qui vient de perdre son mari, mandate le défunt – il avait entendu, comme ultime musique ici-bas, mon concert de Lille en avril 1986 – pour m'aider à retrouver mon violon.

Bien sûr, je n'échappe pas aux astrologues. Étant né un 22 juin, mon signe est celui du Cancer. Une pratiquante de Vanves remarque que cette appartenance confère du poids à l'évocation de mon rêve du bébé aux mains coupées, le signe du Cancer étant celui de la toute petite enfance et davantage encore celui de l'autosevrage. Elle ajoute : « Vous avez dit vous-même vous reconnaître en ce bébé auquel le professeur Vilain devait recoudre les mains. Pratiquant l'astrologie depuis douze ans, j'ai été amenée à guider un certain nombre de personnes sur les sujets les plus divers : je vous propose donc, si vous pensez que cela pourrait vous être utile, de travailler à l'étude de votre thème. »

Une personne de Vichy, qui affirme posséder de naissance un don qu'elle tient secret et qui lui permet d'aider les siens, me dicte ma conduite : il est impératif que je me rende sans perdre de temps à Brescia, où se trouve toujours mon violon; fasse paraître dans la presse un avis de recherche avec récompense; renouvelle cet avis plusieurs jours de suite; engage des « agents privés de recherche » opiniâtres et sérieux, qui visiteront les cafés, les clubs, les milieux louches, les quartiers populaires et interrogeront les indicateurs de police. Selon cette personne, mon voleur, toujours installé à Brescia, est italien, jeune et brun, peut-être homosexuel et drogué – les deux choses allant évidemment de pair pour ma correspondante – et probablement connu de la police. Il cherche à vendre le violon, mais se contentera d'une récompense pour rendre le Kochanski. Tout finira bien, je retrouverai mon stradivarius et devrai alors retirer ma plainte, car un bon chrétien ne se venge pas.

C'est loin d'être stupide, mais pourquoi Brescia ? Le don surnaturel de la brave dame ne lui a pas permis de détecter une coquille qui s'est produite fréquemment dans la presse italienne d'abord, puis étrangère, au terme de laquelle on a confondu Brescia et Saluzzo.

Et comment passer sous silence un courrier nettement plus menaçant émanant du PNPA, un certain mouvement « Pieds-noirs pour l'Algérie » ?

J. Charby-F. Ramon Mai 1987

Monsieur,

Nous avons fait dérober votre Stradivarius par nos correspondants d'Italie, par mesure de rétorsion. En effet, depuis 5 ans nous menons une action regroupant tous les Pieds-Noirs, Nord-Africains dans le monde.

Nous attendons de *TOUS* nos compatriotes, surtout des personnalités en *VUE*, qu'ils s'impliquent dans notre action, nous soutiennent *OFFICIELLEMENT* par tous moyens en leur possession. Nous vous avions contacté il y a 3 ans. Vous n'aviez pas répondu. La sanction fut décidée, par notre conseil supérieur, de subtiliser votre violon qui, certes, a une âme, mais pas autant que l'âme de notre peuple qui se meurt en exil sous les coups de la diaspora, de l'oubli, de la France.

Nous mènerons des actions semblables à l'encontre d'autres *TRAÎTRES* comme MM. Lemoine (conservateur du château de Versailles), Hanin, Macias, etc.

Appuyez notre action *OFFICIELLEMENT* et vous reverrez votre violon, le jour où nous aurons regagné notre patrie !

Avec nos salutations Nord-Africaines.

CONSEIL ÉPIGONOS 99 : MM. SOLER, CROZATIER, GARCIA, GONZALES, SEGURA, FERRE, FORZY, CALMEIN, TROISE, PELEGRI.

Je suis censé signer le manifeste qui suit. Bien sûr, je n'en fais rien. À ces échantillons d'humanité plus ou moins bien intentionnés à mon égard, je crois sage de ne pas répliquer. Du reste, le genre épistolaire n'est pas mon fort et la vie de concertiste international ne s'y prête guère. Téléphone, fax, aujourd'hui e-mail sont mes moyens de communication. L'époque le veut ainsi.

Il y a pourtant une lettre à laquelle je réponds avec joie et émotion. Elle est expédiée d'un kibboutz en Israël.

Cher Maestro,

J'ai lu il y a quelque temps un article dans notre journal au sujet de votre Stradivarius volé. J'ai des sentiments très spéciaux pour ce violon.
Petite fille, il m'était strictement défendu de le toucher, et plus tard j'étais très fière du Stradivarius de mon oncle. Pawel Kochanski était le frère de ma mère.
J'aimerais savoir si ce violon est retourné chez vous. En tout cas, je l'espère de tout mon cœur.

Mirele Schlesinger

8

Notes et menottes

Aux premiers jours de l'été 1971, j'étais de retour en France. Paris est un lieu agréable pour commencer une carrière, et le désir de retrouver mes racines était très fort. Je considérais mes études comme terminées. Elles avaient été exceptionnellement longues : de sept à vingt-deux ans ! Il était temps pour moi de quitter le sillage des maîtres. De creuser mon propre sillon.

Chance, la firme Erato me proposa une première gravure discographique : la *Symphonie espagnole* de Lalo, avec l'Orchestre national de l'Opéra de Monte-Carlo, conduit par Paul Paray.

Comme un bonheur ne vient jamais seul, le grand Georg Solti, qui venait de prendre la direction de l'Orchestre de Paris (il y resta jusqu'en 1975), auditionnait de jeunes solistes. Il m'engagea pour une série de concerts. La France n'avait pas oublié le petit Amoyal et son premier prix à douze ans.

Ce qui donna raison à mon maître : je n'eus pas besoin, pour me faire un nom, de présenter dans les concours internationaux un numéro de dressage violonistique ; je me trouvai en quelques mois face à un calendrier de concerts quasi professionnel.

Autre faveur : on m'attribua un logement à la Cité des Arts, au bord de la Seine. Mon voisin était le violoncelliste Frédéric Lodéon, une des personnes qui me marqua le plus dans ma jeunesse. Nous fîmes beaucoup de musique de chambre ensemble, par la suite des concerts, notamment à la Maison de la Radio, où René Koering avait la responsabilité de France Musique, et des disques. Que Frédéric ait préféré poursuivre sa carrière derrière un micro reste pour moi un mystère, tant son talent de soliste était éclatant, il communique néanmoins aux auditeurs de France Inter un tel enthousiasme et un tel amour de la musique qu'on ne peut que lui pardonner son choix.

Cependant, très vite mes beaux projets rencontrèrent un obstacle de taille : le service militaire. Mon sursis touchait à sa fin, et je ne souhaitais pas, en jouant la comédie devant quelque psychiatre, échapper à la conscription. J'avais soif de normalité, après toutes ces années de tératologie virtuose – les jeunes prodiges ont toujours un petit côté monstrueux.

Si je n'entendais pas être réformé, je ne voulais pas non plus perdre trop de temps. À la caserne de Tours où j'étais affecté, je rencontrai le capitaine Vélos, chargé de la musique militaire. Confiné au répertoire un peu limité de la fanfare du régiment, cet officier avait des envies de musique classique. Il me prit à part et, sur le ton de la confidence, me dit :

— Plusieurs personnes me reconnaissent un vrai talent de chef d'orchestre. Je me verrais bien diriger Haydn ou Mozart.

Comme je le regardais sans réagir, il se fit plus pressant.

— Vous n'auriez pas une idée ?

— Un petit orchestre à cordes vous ferait plaisir ?

Rien ne pouvait plus réjouir un homme habitué au clairon, au tuba et à la grosse caisse.

— Ce serait formidable !

— Je vais demander à quelques amis, cela devrait pouvoir se faire. En contrepartie, vous m'autorisez à travailler mon violon tous les jours, cela va de soi. Ce n'est pas tout...

Il me fixa d'un air inquiet.

— Demandez toujours, mais je vous préviens, Amoyal, ne tirez pas trop sur la corde, même la plus sensible...

— Ce n'est pas grand-chose, mon capitaine. Juste un jour de permission de temps à autre, pour un concert ou un récital.

— Oui... des permissions exceptionnelles. Si vous n'exagérez pas, d'accord.

Marché conclu. Je contactai rapidement d'anciens camarades du Conservatoire en âge d'accomplir leurs obligations militaires. Ceux-ci à leur tour alertèrent des amis musiciens sous les drapeaux, il y eut quelques mutations et, assez vite, nous nous retrouvâmes une quinzaine de jeunes musiciens. De quoi monter le petit orchestre à cordes dont rêvait le capitaine Vélos.

Ainsi l'excellent homme put-il diriger des symphonies de Mozart. Je passai un service militaire très privilégié. Quand je dormais à la caserne parce que nous avions une répétition ou un concert le lendemain, le capitaine m'apportait des croissants le matin. J'étais traité comme un coq en pâte.

Tout se déroula pour le mieux jusqu'au jour où le capitaine considéra que j'abusais de ses largesses. Lui-même étant requis par d'autres servitudes, il n'avait pas toujours besoin de mes services comme premier violon, et j'en profitais pour donner un récital ou honorer quelque engagement. Il me signait des permissions ou, plutôt, il me donnait des formulaires de permission en blanc avec le cachet, que je me chargeais de signer moi-même : il suffisait que je mentionne les dates de départ et de retour.

Un matin, à Naples, où je passais la nuit, devant jouer le lendemain avec Martha Argerich, je fus réveillé à cinq heures par des coups violents à la porte de ma chambre. J'ouvris et me trouvai nez à nez avec deux gendarmes français en uniforme, accompagnés d'un policier italien en civil.

— Soldat Amoyal, vous êtes en état d'arrestation.

Je protestai, leur demandai de m'accorder vingt-quatre heures, le temps d'assurer le concert prévu. Rien n'y fit. Ils me présentèrent un papier officiel à en-tête du ministère des Armées ; j'y étais qualifié de déserteur. Le temps de m'habiller, l'un des gendarmes m'attacha à lui avec des menottes. Direction la gare de Naples, où j'arrivai ainsi entravé, mon violon sous le bras, devant des centaines de voyageurs intrigués.

Je passe sur les quinze heures d'un périple exténuant : Naples-Tours, via Rome, Nice, Marseille et Toulouse. Maigre consolation, le hors-la-loi Amoyal et ses pandores eurent un compartiment pour eux seuls ! Nous arrivâmes dans la nuit, que je passai au violon. Le lendemain, le capitaine Vélos me rendit visite. Sans croissants. Le planton cria :

— Garde à vous, fixe !

— Repos, dit le capitaine, qui ignora le fait que je ne me sois pas levé. Amoyal, je vous ai cherché partout. Nous avons demain un concert importantissime aux Invalides, il y aura tout le gratin, l'état-major des armées, le ministre, j'ai besoin de vous comme premier violon.

Je le fixai, les bras croisés.

— Vous avez besoin de moi ? Vous ne trouvez pas que vous y êtes allé un peu fort ? J'ai dû annuler un concert avec Martha Argerich, je voyage comme un criminel, menotté, escorté par la maréchaussée, vous me jetez au cachot et vous croyez que je suis en mesure de participer à un concert dans ces conditions ? Pas question de me produire aux Invalides.

— Dans ce cas, vous restez au cachot.

J'y passai la journée, à ruminer ma situation. Je n'avais plus que deux mois avant la fin du service et, pour être franc, je commençais à avoir soif de liberté. Dix mois de service militaire me parurent soudain bien suffisants. Le soir, quand Vélos revint me voir, je jouai le tout pour le tout et lui déclarai :

— Je suis d'accord pour le gala. Vous me signez un papier spécifiant que mon service militaire prend fin demain soir, après le concert.

Il signa l'ordre de libération sans discuter. Je tins ma place de premier violon aux Invalides. Je n'avais jamais vu autant d'uniformes et de képis étoilés rassemblés pour se délecter de Mozart . La soirée fut un succès et, dès la fin du concert : la délivrance, enfin.

Alors commença pour moi la vie que j'attendais. Concerts, récitals, enregistrements, voyages, une existence pleine de musique dont, trente ans plus tard, je ne suis toujours pas lassé.

Mais il y a une beauté des commencements que la jeunesse seule permet de goûter dans toute son intensité.

En Californie, j'avais connu une violoncelliste, élève de Piatigorsky. Susan me rejoignit à Paris et nous nous mariâmes. Un garçon, David, naquit de cette union. Certain que mon maître désapprouverait ce mariage, je ne le lui annonçai qu'après la cérémonie. Jascha Heifetz avait une attitude très défensive vis-à-vis des femmes. Avant même ma rencontre avec Susan, il me recommandait de me méfier du beau sexe. Pourtant, il était attiré par la gent féminine, aimait bien voir des jeunes femmes autour de lui. Sa chambre à coucher était tapissée de nus plantureux peints par un peintre californien de ses amis. Dans les fêtes qu'il donnait chez lui à Beverly Hills, comme sur la plage à Malibu, il invitait volontiers ses étudiants, insistait pour qu'ils viennent avec leurs *dates*, leurs amies du moment.

Les plus jolies étudiantes du campus furent invitées, mais jamais une qui fût assez bien pour son élève favori. Jascha Heifetz n'était pas avare de conseils sur ce point, des conseils épouvantables, est-il besoin de le préciser ? Son obsession était que l'on profite de moi.

— *Be careful, you are going to be taken advantage of.*

Des croqueuses de mâles, des mantes religieuses, voilà ce que les femmes étaient pour lui. Lui-même était convaincu qu'elles en voulaient à son image, à sa gloire, à sa fortune.

L'anecdote a couru dans tout Los Angeles : un soir, sa seconde femme, la très belle actrice France Vidor, trouva porte close en rentrant chez elle. Dans l'après-midi, son mari Jascha avait changé toutes les serrures de la maison. C'était sa façon de lui signifier sa répudiation.

Il réagit violemment quand il apprit mon mariage, m'appela même à Paris pour me mettre en garde. Un de mes amis, quelque temps plus tard, me rapporta ce mot du maître. Un journaliste lui demandait si, parmi ses élèves, il en voyait un susceptible de faire une grande carrière. Sa réponse fut laconique :

— J'en connais un, mais il s'est marié.

Toute ma vie, j'ai cherché à ne pas lui ressembler sur ce plan. Néanmoins, mon mariage avec Susan ne dura que peu d'années. Peut-être étions-nous trop jeunes ? Le poids de la paternité, les trivialités d'une vie en ménage m'effrayèrent-ils ? Je craignais, il est vrai, leur incidence fâcheuse sur ma carrière de concertiste voué à sa passion. Pour me consoler, je me rappelais que l'union de mes parents n'avait pas tenu plus longtemps. Mais leur séparation, au moins, ne fut pas trop brutale – il est vrai qu'ils ne s'étaient pas mariés, ce que ma mère m'apprit tardivement. Avec ma violoncelliste américaine, la rupture fut cruelle. Elle me fit payer cher mon désir de liberté.

— Tu as raté ton mariage, me disait-elle, mais moi, je ne raterai pas mon divorce.

Elle tint parole. Nous en vînmes vite à ne communiquer que par avocats interposés. Le divorce fut prononcé ; il n'eut rien d'amiable. Je retrouvai ma liberté, mais je perdis mon fils, que Susan emmena avec elle en Italie. Sans doute était-ce préférable pour lui : je ne suis pas sûr que j'aurais pu, à l'époque, me charger de son éducation. Mais j'aime David, bien que sa mère ait réussi à l'éloigner de moi à un point qui me fait penser que l'on peut réellement pratiquer le lavage de cerveau.

Susan ne me pardonna jamais, n'abandonna jamais la guerre qu'elle me livrait.

Je ne restai pas longtemps seul. Joué par un virtuose, le stradivarius – étrange pouvoir du violon – fait se pâmer de nombreuses mélomanes. Mais je m'arrangeais pour que ces relations ne durent pas, je fuyais tout attachement. Je flambais ma vie, comme un joueur, soucieux avant tout de protéger mes liens avec la musique.

Bien sûr, il y eut plus que des passades. Je vécus quelque temps avec une grande pianiste, merveilleuse artiste. Anne Queffélec et moi aurions pu réaliser ce fantasme, que suggère la forme de la sonate, d'une vie « comme à la scène ». Elle fut une compagne tendre et intelligente, elle m'aida à réapprivoiser la

France, alors que je revenais de Californie déphasé, presque américanisé par mon mariage. Son père, le romancier Henri Queffélec, était un homme profond et attachant qui me fit découvrir la Bretagne, je lisais les livres de son frère Yann avant leur parution, je fis du sport avec eux : c'est sur les dunes de Belle-Île-en-Mer, où nous courions comme des fous, que je me découvris une passion pour la course à pied qui allait susciter en moi une vocation de marathonien – plus tard viendraient les marathons de Paris, de New York et de Lausanne. Nous avons joué ensemble, gravé quelques disques, notamment un mémorable *Triple concerto* de Beethoven dirigé par Armin Jordan, avec Frédéric Lodéon au violoncelle, mais nos emplois du temps ne coïncidaient pas souvent, Anne avait ses engagements, moi les miens, et pour rien au monde je ne voulais aliéner ma liberté retrouvée.

9

Leslie

Août 1987-avril 1988

Après l'épisode sans suite du *Piccolo Mondo*, je n'entrevois pas de solution au problème. Si les ravisseurs du Kochanski voulaient prendre contact avec moi, ils l'auraient fait. Mon violon figure-t-il déjà dans la collection privée de quelque amateur d'instruments anciens sans scrupule, où il finira par s'étioler dans le mystère de l'anonymat ?

Je repense à ce que m'a suggéré un producteur de télévision, sans doute misogyne, après une prestation dans son émission dominicale, très populaire.

— J'ai mon idée pour ton affaire. Souvent, la solution est là, sous nos yeux, et on ne la voit pas.

Je ne comprends pas où il veut en venir.

— Réfléchis. Tu m'as bien dit que ton divorce s'est mal passé ?

— En effet. Horriblement mal.

— Ne cherche plus. C'est ta femme qui a engagé quelqu'un pour voler ton violon. Elle espère récupérer ainsi l'argent...

J'écarte l'hypothèse d'un revers de main.

— Susan n'est pas facile à vivre, mais pas au point d'imaginer un plan aussi machiavélique.

Il n'empêche qu'un soupçon s'est introduit dans mon esprit. Susan habite en Italie, précisément à Padoue, et elle n'ignore pas que je me rends régulièrement à Saluzzo pour enseigner. Et si elle avait vraiment chargé un intermédiaire de s'emparer du stradivarius ? Pour l'offrir à mon fils David quand il serait grand, ou simplement par vengeance, sachant tout ce qu'il représente pour moi.

Mais comment cette femme issue de la grande bourgeoisie américaine aurait-elle pu entrer en contact avec un hors-la-loi ? Par ailleurs, l'intermédiaire aurait pu se révéler trop gourmand ou être tenté, en apprenant la valeur du violon, de faire monter les enchères et d'exercer un chantage.

Plus tard, on me montre un lot de photos de suspects. Je n'ai malheureusement plus qu'une idée très imparfaite du profil entraperçu au volant de la Porsche, ce défilé de faciès criminels ne fait que m'étourdir. Au vu de cette galerie de portraits tous plus inquiétants les uns que les autres, j'en viendrais à me soupçonner moi-même : n'importe qui, photographié dans un commissariat sous un certain angle, peut se découvrir une tête de truand !

Pendant tous ces mois et malgré un moral au plus bas, j'honore tous mes engagements de l'année 1987, à l'exception du concert de Philadelphie. La tension du concert, je peux le vérifier à maintes reprises, est le meilleur remède contre la mélancolie et le pessimisme où je sombre dès que je me laisse aller à évoquer le sort de mon stradivarius.

Le 11 juin, je joue le *Concerto à la mémoire d'un ange* à Paris, avec Myung-Whun Chung et l'Orchestre de Paris. Huit jours après, et pour deux soirs, me voici à Berlin, pour la création allemande de *L'Arbre des songes*, le concerto pour violon d'Henri Dutilleux, avec le Philharmonique dirigé par Lorin Maazel. Le 22 juin, Pascal Rogé et moi donnons un récital à Londres, au Wigmore Hall. Nous nous retrouvons tous les deux pour une master class et un récital à l'Académie d'été de Nice en juillet, d'où je m'échappe le 15 pour un concert à Istanbul avec l'Orchestre du Capitole de Toulouse et son chef, Michel Plasson. Le 4 août, retour à Londres pour une soirée au Royal Albert Hall, où je rejoue le concerto d'Alban Berg avec le BBC

Symphony Orchestra conduit par Sir John Pritchard. Ce ne sont là que les rendez-vous les plus importants.

Du 7 au 22 août, je participe à Lausanne à l'Académie d'été, laquelle s'achève, comme le veut l'usage, par un concert des maîtres. Nous jouons de la musique de chambre, avec notamment le pianiste Jean-Bernard Pommier.

À la sortie du concert, je vais dîner avec quelques amis sur une terrasse dominant le lac. J'hésite à suivre la joyeuse bande : alors qu'avant les événements je passais pour un garçon souvent gai et sociable, ces derniers temps une grande tristesse m'envahit, surtout une fois le concert fini, quand la musique cesse de me protéger.

Parmi les personnes qui accompagnent Jean-Bernard Pommier, je remarque tout de suite, pour sa classe et son élégance, une jeune et jolie Américaine. Elle aussi me remarque : je note avec plaisir qu'elle choisit de s'asseoir à côté de moi.

Leslie Chabot arrive de Boston, où elle travaille comme *art consultant* dans une société qui incite les gouvernements et les grandes entreprises à se définir grâce à l'art. Détachée à Genève, elle dirige une vaste opération d'accompagnement artistique commanditée par l'Arabie Saoudite, pour les aéroports de Djeddah et de Riyad.

Femme, elle ne peut se rendre dans ces villes : en terre islamique traditionaliste, pas question pour elle de traiter des affaires. C'est à Londres et à Genève qu'elle rencontre ses interlocuteurs. Leslie m'explique qu'elle a passé trois ans sur ce projet, d'abord à s'imprégner de la culture islamique, ensuite à en superviser la réalisation.

Mes amis, par un accord tacite, évitent autant que possible d'évoquer l'affaire du Kochanski en ma présence, de peur de retourner le couteau dans la plaie. Moi-même, je fuis le sujet. Ils sont donc les premiers surpris quand ils m'entendent raconter à ma voisine les derniers développements.

Le vol lui-même, elle en a entendu parler, comme tout le monde, mais sans connaître les détails. Elle est très étonnée, et indignée, d'apprendre avec quelle froide désinvolture mon assureur anglais a rejeté mes requêtes. Son travail l'a parfois mise en contact avec des patrons de groupes d'assurances, elle n'a guère d'illusions sur leur générosité, mais comme il lui arrive d'aller parfois à Londres pour son travail, elle me propose de tenter quelque chose auprès de la *British Reserve*.

Quelques semaines passent, et je ne garde plus qu'un souvenir ébloui, mais fugace, de ma charmante voisine d'un soir. Je suis donc très surpris de recevoir, dans le courant du mois d'octobre, une lettre de Londres, signée Leslie Chabot. Elle n'a pas oublié sa promesse d'intervenir, mais n'est pas optimiste quant à la suite de ses démarches et serait désolée si j'en attendais des résultats tangibles.

Je me souviens brusquement de son sourire lumineux, de la douceur de sa voix, de cet accent délicieux, presque plus anglais qu'américain, qu'ont les Bostoniennes. Bref, j'ai très envie de la revoir. Elle est absente de Genève, je laisse un message sur son répondeur : je la remercie pour ses tentatives auprès des assureurs et lui annonce que je dois m'absenter quelques jours pour un récital à New York. J'ajoute que j'espère avoir bientôt le plaisir de la rencontrer.

Ce vœu est exaucé par le plus grand des hasards. Le jour où je joue au *92nd Street Y*, de Manhattan, avec le pianiste japonais Shigeo Neriki, Leslie assiste chez Sotheby's à une vente d'art contemporain. La séance n'est pas terminée qu'elle se précipite au théâtre et vient dans ma loge dès la fin du concert. L'accueil qu'elle y reçoit est sans équivoque : je suis vraiment enchanté de retrouver cette charmante Américaine sur ses terres. J'aurais préféré dîner avec elle en tête à tête, mais je me dois à mes amis et à Shigeo. Elle m'accompagne donc au restaurant de mon hôtel, où les organisateurs ont réservé une table.

Quand, en décembre, elle revient à Genève, elle me téléphone. Elle me trouve bouleversé : Jascha Heifetz est mort à Los Angeles, à l'âge de quatre-vingt-six ans. Je viens d'apprendre la nouvelle. Avec tact, elle se propose de rappeler.

J'insiste pour la revoir ; elle accepte une invitation à dîner. Je réserve chez Girardet. C'est un artiste et un ami, qui tient d'une main de génie le meilleur restaurant de la côte vaudoise, peut-être même du monde.

Leslie m'attend, à l'heure dite, au pied de son immeuble. Elle est d'une élégance extrême, sans rien d'extravagant – je me rappelle surtout un chemisier de soie turquoise à petit col brodé de très bon goût.

Un pur moment de bonheur, ce dîner. J'aime chez Leslie cette spontanéité rieuse et rafraîchissante des Américaines, sans une once de vulgarité. Il y a en elle une délicatesse, des manières à la fois naturelles et raffinées, un sens du déconcertant, qui me font irrésistiblement penser à ces héroïnes d'Henry James issues de la meilleure société et dont l'apparence extérieure, toute de réserve et de contrôle sur soi, contredit la vie intérieure bouillonnante.

Je le lui dis, elle éclate de rire. Les souvenirs qu'elle garde de James ne recoupent pas tout à fait les miens. Ces grandes bourgeoises tourmentées en robes vaporeuses et chapeaux à voilette lui semblent quelque peu surannées. Leslie se veut une femme d'aujourd'hui, résolument tournée vers la modernité.

Originaire de Minneapolis, elle a suivi des études d'art en Californie, à Stanford, l'une des universités les plus réputées des États-Unis. Son père est un important homme d'affaires. Elle travaille dans un musée de l'université Harvard, se marie tôt – pour elle aussi une erreur de jeunesse.

Elle me parle, en détail cette fois, de son travail, qui la passionne. Pour la décoration de la mosquée de l'aéroport de Riyad, elle a réalisé un vaste dispositif unissant la tradition de l'islam à l'idée de l'infini. Pour ce faire, les artistes ont utilisé tous les modes d'expression artistique du monde arabe, et notamment la surprenante calligraphie des versets coraniques projetés sur la voûte. Je bois ses paroles et me vois transporté à mon tour, sur quelque tapis magique, en Orient.

Je rentre chez moi, sous le charme. À trente ans, Leslie a vécu ; ce sera du sérieux ou rien. Le joueur, le libertin rieur toujours prêt à braver le Commandeur opte pour le sérieux. À trente-huit ans, on se lasse de flamber sa vie dans un célibat ennuyeux entrecoupé de passades. Cette existence me pèse, l'amour me manque. Il me fait signe.

Leslie retourne en Californie pour son travail, puis elle passe les fêtes de Noël en famille dans le Minnesota. Dans les premiers jours de l'année 1988, elle rentre à Genève. Je l'attends, elle vient dîner à la maison et se montre aussi impatiente que moi. Cette fois, je ne veux pas qu'elle parte. Elle reste.

Trois mois plus tard, le 8 avril 1988, au début du printemps, nous nous unissons à la mairie de Begnins, un joli bourg sur les hauteurs de la côte vaudoise, presque en secret. À quelques jours près, c'est l'anniversaire du rapt du Kochanski.

10

Le Kochanski

Je crois très ancien mon désir de posséder non seulement un très bel instrument, mais un violon d'exception, capable d'émettre des sons inouïs. J'avais bien sûr un superbe violon, le vuillaume, cadeau de fin d'études reçu des mains de mon maître. Mais il ne convenait pas à une carrière internationale. Il me fallait un violon à la hauteur de mes rêves. C'était un sentiment profond, pas une marque de fétichisme. Encore moins une convoitise de collectionneur : je n'ai jamais possédé plus de deux violons à la fois, et je les joue. Rien n'est plus triste que de voir exposé en vitrine, dans quelque musée, un instrument d'exception que deux fois par semaine un conservateur vient faire vibrer de ses doigts tremblotants. Quand on passe tous les jours six à huit heures en tête à tête avec un tel compagnon, on exige beaucoup de lui. En retour, il exige beaucoup de vous.

On peut trouver surprenant qu'un jeune musicien s'endette lourdement pour acquérir un strad ou un guarnerius : certains violonistes tziganes jouent merveilleusement sur de médiocres violons, alors pourquoi cette obsession du violon absolu ? C'est ne pas comprendre la notion de partenaire, qui prend un tout autre sens quand on se lance dans une carrière de concertiste de haut niveau.

Dès mon retour des États-Unis et une fois mon service militaire terminé, lorsque je compris que s'offrait à moi la possibilité de figurer parmi les violonistes internationaux et qu'arrivaient les premiers engagements, je voulus *mon* violon. J'aurais pu chercher à me faire épauler par quelque banque, groupe financier ou grande marque, tels la Société générale, Worms, LVMH (cette société possède deux violons de Stradivarius, dont le fameux Reynier de 1727, qui appartint à Salvatore Accardo), afin que l'on me prête un violon exceptionnel. Mais si le sponsoring artistique est devenu une pratique courante aujourd'hui – de nombreux jeunes artistes se produisent avec des instruments prestigieux qui ne leur appartiennent pas, mais leur sont prêtés par des mécènes privés –, le capital jouant à présent le rôle de la noblesse aux XVIIe et XVIIIe siècles, ce n'était pas le cas à l'époque. Nous étions en 1974, 1975. J'avais enregistré mon premier disque, la *Symphonie espagnole* de Lalo, avec un stradivarius appartenant au musée du Conservatoire supérieur de Paris, le Provigny, qui date de 1716, aujourd'hui visible à la Cité de la musique – je le rejouerai en 1979, pour un autre disque intitulé *Les Instruments précieux du Conservatoire*.

Je voulais un compagnon qui fût mien. Je n'étais pas un musicien *avec* un instrument. Le violon et moi devions former un couple composé d'une voix et de quelqu'un qui savait conduire cette voix, une sorte d'entité unique et fusionnelle. Il s'agissait bien d'une possession, au sens le plus noble du terme – rien à voir avec la simple appropriation bourgeoise. Et d'une possession réciproque. Le violon et moi devions nous posséder l'un l'autre. Entre un violoniste et son instrument, j'en eus l'intuition très jeune, le pacte est de nature diabolique.

Quand je compris que j'allais satisfaire ce désir quel qu'en fût le prix, j'alertai des luthiers comme Étienne Vatelot et Bernard Millant à Paris, Desmond Hill à Londres, les grands marchands de violons. À tous je tins le même discours : ce que je cherche est d'abord une certaine sonorité, que je peux vous décrire avec précision. Des aigus étincelants, jamais métalliques, un médium sûr, jamais sourd, des basses amples. Bref, un instrument chaleureux, puissant, qui flamboie avec élégance. Un son d'une justesse absolue et dont la beauté ne cesse de surprendre.

Je pris rendez-vous chez Étienne Vatelot : il avait quelques belles pièces, mais pas tout à fait ce que je cherchais. À Londres, le grand luthier Desmond Hill avait préparé ma visite. Je trouvai, alignés sur le canapé du salon de réception, sept violons, tous plus beaux les uns que les autres, en compagnie desquels Desmond Hill me laissa seul : trois stradivarius, deux guarnerius del gesù, un guadagnini, un maggini. J'étais comme un enfant dans la caverne d'Ali Baba. Je restai tout l'après-midi là, essayant l'un, essayant l'autre, m'attardant sur un troisième.

En fin de journée, mon hôte revint et me demanda :

— Avez-vous trouvé votre bonheur?

— Ils sont tous magnifiques, j'ai passé avec eux les moments les plus excitants de ma vie, mais aucun ne répond exactement à ce que je cherche.

Desmond Hill avait une soixantaine d'années, à l'époque. Il ne manifesta aucune impatience. Son salon avait vu défiler tous les grands violonistes du siècle et mon assurance juvénile devait le séduire. Il m'invita à prendre place en face de lui dans un fauteuil et me dit :

— Je vous écoute, décrivez-moi ce son.

Exprimer mes désirs avec les mots d'une langue étrangère ne m'était pas aisé. J'évoquai cette pureté, ce cristal que je recherchais dans l'aigu, ce côté rond et chaud dans le médium, ce son âpre, un peu animal dans les graves. Je me fis plus précis et détaillai ce que j'espérais de chaque corde. Il conclut avec un sourire amusé :

— Vous voulez un violon qui ait la finesse d'un stradivarius et le corps, la personnalité d'un guarnerius.

Il avait parfaitement compris : je voulais l'impossible. Un peu étonné qu'avec des mots je parvienne à décrire assez exactement le violon dont je rêvais, il finit par me déclarer, après avoir longtemps hésité :

— Je ne voudrais surtout pas que vous cultiviez le moindre espoir et que vous repartiez déçu. J'ai un violon qui ressemble à votre description. Je vais vous le montrer et vous allez simplement me dire s'il correspond à votre idéal.

Il partit dans la salle des coffres et en revint avec une boîte, elle-même ancienne. Il l'ouvrit et me tendit l'instrument, sans le moindre commentaire. Je le pris délicatement, le contemplai et sus tout de suite que c'était *le* violon que je cherchais. Rien qu'à le regarder. Cela peut surprendre le néophyte, qui me croira difficilement. Un violon parle avant d'être joué. Il vibre sous l'archet, certes, mais c'est aussi un objet qui vibre dans l'espace, il vibre déjà sous le regard, du moins pour quelqu'un qui possède cette sensibilité-là.

J'en jouai quelques minutes avec un bonheur que je renonce à décrire – j'en avais les larmes aux yeux. Puis je rendis le violon à Desmond Hill, qui m'annonça sans émotion :

— Oubliez ces cinq minutes, ce violon n'est pas à vendre. Il appartient à un collectionneur qui le possède depuis un demi-siècle.

J'aurais aimé rencontrer cet heureux homme. Desmond Hill m'apprit qu'il s'agissait d'une personne qui, sans être un violoniste professionnel, était amoureux fou de cet instrument. J'avais bien deviné l'identité de ce joyau : un stradivarius de 1717, de la grande époque – on considère que le maître de Crémone était au sommet de son art entre 1710 et 1725 –, connu sous le nom de Kochanski.

Le propriétaire était un marchand de poisson originaire de Grimsby. Il s'était retiré des affaires, fortune faite, pour s'installer à Londres. La compagnie des harengs et des morues ne l'empêchait pas d'aimer la musique, et miracle : son violon n'avait pas d'odeur. Amateur de musique de chambre, il jouait tous les samedis après-midi avec ses amis. Le matin, son chauffeur le conduisait chez le luthier pour venir prendre le violon, et il l'y ramenait le soir, pour ranger le précieux instrument dans le coffre-fort de la maison Desmond Hill. Cela durait ainsi depuis de longues années. Cette façon de procéder évitait à notre propriétaire de devoir payer une onéreuse assurance.

Je rentrai à Paris avec des sentiments mitigés. Je savais désormais que le violon de mes rêves existait, que le son absolu qui me hantait n'était pas une simple vue de l'esprit, mais l'instrument me restait inaccessible. Ce qui m'attristait le plus était la pensée que ce chef-d'œuvre du sorcier de Crémone s'étiolait dans une chambre forte six jours par semaine, comme une charmante jeune femme née pour l'amour qu'un vieux mari jaloux enfermerait loin des regards.

Je cessai mes recherches et me lançai dans la carrière en jouant les instruments dont je disposais. Le musée du Conservatoire me prêta le Provigny pour plusieurs concerts prestigieux. Et quand il le fallait, je faisais des miracles avec mon valeureux vuillaume. Néanmoins je caressais secrètement l'espoir que Desmond Hill se ferait mon allié dans cette affaire. Un luthier digne de ce nom préférera toujours savoir un violon de cette qualité entre les mains d'un virtuose qu'entre celles d'un collectionneur.

Une année s'écoula. Un jour, Étienne Vatelot me téléphona. Desmond Hill venait de lui demander s'il me pensait encore intéressé par le violon que j'avais vu dans son atelier. Non seulement j'étais intéressé, mais je n'attendais que ce moment !

Je sautai dans le premier avion pour Londres. Nous nous mîmes d'accord sur le prix. Le vieux gentleman qui le jouait le samedi, sans doute pressé par ses héritiers, voulait convertir en espèces une partie de ses biens. Il en demandait quatre-vingt-dix mille livres. Une grosse somme pour un garçon sans fortune personnelle et qui venait de débuter dans la carrière. Une folie pure ! Je gagnais au mieux deux mille francs suisses par concert.

Desmond m'octroya un mois pour rassembler l'argent, et je rentrai à Paris, serrant contre moi mon précieux compagnon. Alors commença une course-poursuite pour boucler le montage financier dans les temps. J'allai voir mon père, toujours généreux. Ma mère, qui n'était pas riche, donna ce qu'elle put, ma belle-famille fit un geste, je taxai les amis sur le mode des petits ruisseaux qui font les grandes rivières. La maison de disques Erato, alors au sommet de son activité, me consentit une avance importante. Je rendis visite à mon oncle d'Amérique, Francis

Ravel, qui se montra extraordinaire et, tant que j'y étais, j'allai voir mon maître Jascha Heifetz, qui jouait un magnifique guarnerius del gesù offert par son père. Je n'attendais aucune aide de sa part, mais sa bénédiction.

Il ne cacha pas sa joie de me revoir : depuis mon retour en France, nous ne nous étions parlé qu'au téléphone. Quand je lui montrai le stradivarius, il m'en demanda le prix, puis me regarda d'un air inquiet.

— Pierre, tu es complètement fou !

Ensuite il eut ce mot qui me surprit :

— Tu n'as absolument pas besoin de ce violon.

Je reçus cette parole comme une remarque insultante, sous-entendant que je ne jouais pas assez bien pour un tel instrument. Ce n'était pas ce que Jascha Heifetz avait voulu dire, au contraire ; je le compris plus tard. Et cela me servit beaucoup après le drame de Saluzzo. Ce n'est pas le violon qui fait l'artiste, il était bon de me le rappeler. Son « Tu n'as pas besoin de ce violon », bien des années après qu'il l'eut prononcé, retentit dans ma tête. Je retournai sa réflexion de manière positive : je pouvais continuer sans le Kochanski. Aujourd'hui encore, tant la présence de mon maître avait quelque chose d'envoûtant, il ne se passe pas un concert sans que je me demande, et lui demande, ce qu'il aurait pensé de ma prestation. Il n'a jamais cessé de me soutenir et de me juger. Pourtant j'ai suivi mon propre chemin : j'avais compris à ses côtés qu'il ne me servirait à rien de vouloir jouer comme lui.

Il n'y avait chez Jascha Heifetz aucune espèce d'envie. Ce n'est peut-être pas le sentiment que j'eus quand, vers 1975, je rencontrai un jour chez Étienne Vatelot une autre légende du violon, Yehudi Menuhin, qui venait faire régler l'un de ses instruments, un stradivarius. Fier et confiant, je lui montrai le mien. Tandis que le luthier, aux anges, ne se lassait pas de comparer les deux violons et s'étonnait de leur ressemblance, je sentis un rideau de glace tomber entre le célèbre violoniste et moi. Je me croyais dans la position du cadet face à un aîné respecté, mais Menuhin, découvrant mon Kochanski, découvrait en même temps un nouveau venu qui, avec un tel instrument, ne semblait pas dépourvu d'ambition.

À mon retour des États-Unis, le mois s'était écoulé et je n'avais réuni qu'un peu plus de la moitié de la somme demandée par le collectionneur de Londres. Je me tournai vers les banques. Comme je travaillais beaucoup, que j'avais donné en peu de temps quantité de récitals et participé à autant de concerts, je gagnais bien ma vie. On me fit confiance, on dressa un échéancier qui me parut le bout du monde. Mais, après tout, j'étais promis à un bel avenir, disait-on.

Ironie du sort, je réglai la dernière traite dans les premiers jours de l'an 1987...

11

Un détective pour violon infidèle

Avril 1988-décembre 1988

15 avril 1988 au matin. Une belle journée de printemps s'annonce. Avec Leslie, je prends la route de Turin. Cela fait longtemps que je souhaite revoir le juge Damiano. En acceptant la date qu'il nous a proposée pour cette rencontre, je n'ai pas songé tout de suite à ce triste anniversaire du 15 avril. Je ne me lasse pas de contempler les eaux du lac Léman depuis l'autoroute, les glaciers alpestres me font une escorte grandiose sans parvenir à dissiper en moi une brume de mélancolie : je repense à mon cher Kochanski comme à un être disparu, et ma douleur redouble quand j'imagine le silence auquel il est sans doute tenu.

Je n'ai pas oublié la générosité de Pedro Damiano, qui a permis au violoniste sans papiers que j'étais un an auparavant d'effacer l'obstacle de la frontière pour assurer le concert du Cap-d'Agde. Nous sommes convaincus que ce magistrat expérimenté et respecté pourra nous conseiller utilement, à un moment où l'enquête officielle paraît si mal engagée.

Le juge a été la victime d'un grave accident de voiture en novembre dernier. Il en a réchappé, mais après de longues semaines d'immobilisation à l'hôpital et des mois de convalescence, il reste diminué.

On s'égare facilement aux abords de Turin. L'extrême complexité du réseau autoroutier, partiellement en travaux, ajoutée à une intense circulation et au poids de mes interrogations explique peut-être que j'ai le plus grand mal à entrer dans la ville. Nous arrivons chez le juge, via Bricca, dans un quartier résidentiel paisible et cossu, au milieu de l'après-midi. Le juge Damiano a tenu à nous ouvrir lui-même, bien qu'il marche avec difficulté en s'aidant d'une canne.

De taille moyenne, mais d'une stature imposante, le visage large et ouvert, des traits réguliers, l'homme est sympathique. Vaste appartement bourgeois, un peu vieillot, très italien, mais sans ostentation, beaucoup de verdure, de plantes vigoureuses, son épouse a probablement la main verte, des meubles anciens – le juge aime les beaux objets –, des chandeliers un peu partout où le soleil parfois, transperçant les persiennes, dépose sur l'étain ou le cuivre une fugace étincelle.

Son accueil est des plus chaleureux. Le juge Damiano est en fin de carrière, il suit des affaires d'une grande importance, liées notamment à l'omniprésence malfaisante de la Mafia. Je suis ému de retrouver ce personnage de la vie turinoise, visiblement très marqué par l'accident. Mais si ses gestes sont quelque peu ralentis, sa pensée demeure vive et son écoute affûtée. Il est très sensible à ce que la perte du violon représente pour moi.

Bien sûr, il est curieux de savoir où en est mon affaire et quelles sont les démarches que j'ai entreprises depuis le vol. Je lui raconte l'épisode du *Piccolo Mondo*, qui l'amuse plutôt, je lui parle du courrier, de quelques appels téléphoniques anonymes ou douteux qui n'ont abouti à rien, bref je dois reconnaître que je n'ai pas grand-chose de réellement concret.

Comme il a de l'intuition et du tact, il comprend parfaitement mon désarroi. Non que je sois découragé, mais je me sens trop atteint, trop vulnérable pour me consacrer, la tête froide, à travailler à retrouver mon strad. Quand on perd un être cher, on a envie d'enfouir la douleur à l'intérieur de soi, loin, de n'y revenir qu'avec circonspection, le moins souvent possible.

Depuis ma rencontre avec Leslie, les choses ont changé. Elle m'appuie dans mes recherches avec un sens très américain de l'organisation.

Le magistrat a la main qui tremble légèrement quand il repose sa tasse de café, mais c'est d'une voix ferme qu'il m'exhorte à ne pas me laisser abattre.

— Il faut repartir de zéro, en l'occurrence de Saluzzo. Allez voir les carabiniers, demandez-leur où en est l'enquête, s'ils ont quelque chose ou pas, s'ils ont des pistes ou non. Vous verrez rapidement s'ils ont le temps, et l'envie, de poursuivre leurs investigations, ou s'ils sont débordés par d'autres affaires. Dans ce cas...

Je lève la tête, plein d'espoir. Il complète sa pensée.

— Je ne vois qu'un moyen de faire avancer les choses : engagez un privé. Suisse, de préférence. Vous ne parlez pas l'italien, c'est un handicap. Ici, en Italie, tous ne sont pas des modèles d'honnêteté.

Un détective? J'y ai déjà songé, on me l'a conseillé. Je sais aussi que nous aurons plus de chances de trouver à Genève ou à Lausanne quelqu'un de sûr et de sérieux capable d'agir avec efficacité depuis l'étranger. Mais, pour être franc, je reste un peu sur ma faim en quittant le juge. Je suis bien conscient que retrouver un stradivarius volé n'entre pas exactement dans ses attributions, que l'homme est encore convalescent, mais j'attendais plus de lui : qu'il parle à des responsables de l'enquête, qu'il fasse intervenir ses relations dans la région.

Je n'en laisse rien paraître, et quand je prends congé le juge Damiano me serre la main avec chaleur en regrettant de ne pouvoir faire plus.

Le voyage de retour est sombre. En conduisant vite sur l'autoroute vers Aoste, je revois toutes les péripéties de l'affaire : Saluzzo, le malfrat installé au volant de la Porsche, la voiture qui démarre sous mon nez, les carabiniers impuissants. Je revis l'impression d'anéantissement qui a prévalu les premiers temps de la séparation et je sens que l'espoir de retrouver mon instrument s'éloigne une fois de plus.

Rentré à Lausanne, je ne suis guère loquace. Mais dans de tels moments, il m'est impossible de parler, de m'expliquer. Il m'arrive, ainsi blessé, de garder le silence plusieurs jours. Je sais que cette impuissance passagère est en réalité une force pour mon travail d'artiste. Mes proches, eux, ont du mal à le comprendre. Parfois, ils prennent à tort ce mutisme pour un reproche non formulé, alors qu'il ne s'adresse pas à eux et n'est que l'expression d'une inquiétude passagère ou d'une nostalgie qui me vient peut-être de mes origines slaves.

Dans les semaines suivantes, nous ne ménageons pas notre peine, notamment en rassemblant des informations sur les principaux ateliers de lutherie dans le monde entier. Étienne Vatelot et Bernard Millant, qui révisaient régulièrement mon instrument, ont alerté quelques collègues en avril 1987, tout de suite après le vol, mais nous sommes d'avis qu'il faut un mailing beaucoup plus complet et serré.

Bernard Millant, qui est presque un ami d'enfance – c'est lui qui fit de ses mains, à la demande de ma mère, mon premier violon, un demi que je possède toujours –, nous procure une liste exhaustive des luthiers exerçant dans le monde. Nous décidons d'expédier à chacun d'eux des photos du Kochanski ainsi qu'une fiche descriptive, en leur recommandant la plus grande vigilance au cas où quelqu'un se présenterait avec ce violon.

Je ne possède aucune photo de mon instrument, je n'ai même pas eu l'idée de le photographier, ce qui montre la confiance aveugle et naïve que j'avais en ma bonne étoile. Heureusement, Étienne Vatelot, en fouillant ses archives, découvre qu'il en a deux, de face et de dos, et nous les envoie. Leslie les fait tirer dans un format permettant d'observer les moindres détails.

La fiche, rédigée en anglais, mentionne la longueur de l'instrument : trois cent cinquante-cinq millimètres ; sa couleur : brun clair tirant sur l'orange ; et le contenu de l'inscription que, selon l'usage, on trouve à l'intérieur sur une étiquette : ANTONIUS STRADIVARIUS CREMONENSIS FACIEBAT ANNO 1717. Les trois derniers chiffres sont inscrits à la main, avec le chiffre 1 écrit comme un « i ».

Autre originalité sur laquelle j'insiste : le dos est composé de deux pièces accolées, ce qui a pour conséquence que les ondes du bois, légèrement relevées vers le haut, ne sont pas exactement ajointées.

Enfin, je mentionne qu'avec le violon ont été dérobés quatre archets anciens de grande valeur, dus au Stradivarius des archetiers, Dominique Peccatte. On pourrait écrire un livre sur la rencontre magique entre les soixante grammes de bois de Pernambouc et les cordes d'un stradivarius.

Ce travail accompli, j'entame une tournée aux États-Unis et à Taïwan. Leslie m'accompagne. Jeunes mariés, nous voulons rester proches l'un de l'autre, chaque séparation nous coûte et ma femme a envie de mieux connaître les singularités de mon métier.

L'un de ces concerts sera un moment de grande intensité. Organisé par les anciens élèves de Heifetz, il a lieu à Los Angeles à la mémoire du maître, disparu six mois auparavant. J'y joue le *Poème* de Chausson, l'œuvre peut-être la plus émouvante écrite pour le violon, avec l'illustre et fidèle accompagnateur de Jascha Heifetz, Brooks Smith.

En juillet, je donne un récital à Flaine, au cours d'une série de master classes auxquelles je participe. Suivant la recommandation du juge Damiano, nous décidons que Leslie descendra après le concert à Saluzzo pour rencontrer les policiers chargés de l'enquête. Auparavant, elle a téléphoné au Dottore Giuseppe Berta, le collectionneur qui m'avait prêté un de ses violons après le vol et qui habite piazza Cavour, à deux pas de l'hôtel Astor. Un mois plus tôt, en juin, nous l'avons rencontré à Nice, où je jouais au musée Chagall. La veuve du peintre, disparu en 1985, avait organisé une grande réception d'après-concert sous une tente et j'avais passé un bon moment avec le sympathique collectionneur. Il parlait un français impeccable, était naturellement curieux de savoir ce que devenait le stradivarius volé. Malgré son âge, c'était un homme actif et dynamique, tout prêt à aider ma femme dans ses démarches.

Partant de Flaine, Leslie prend donc la route de l'Italie, vers Turin et Saluzzo. Je lui ai conseillé de dormir à Cuneo, plutôt qu'à Saluzzo : je ne tiens pas à ce qu'elle passe la nuit sur les lieux du drame, toujours chargés d'ondes funestes.

Sa première visite est pour l'excellent Dottore Berta, dont l'appartement sur la piazza Cavour est un véritable musée. Il lui montre, comme il l'a fait pour moi l'année dernière, sa collection d'instruments anciens rangés dans des vitrines poussiéreuses. Il possède des violons de bons auteurs, mais aucun de très grande valeur. L'ensemble laisse une impression bizarre, car à la monomanie du collectionneur s'ajoutent l'âge du monsieur et une certaine prévention à l'égard de la police. Leslie comptait un peu sur lui pour l'accompagner chez les carabiniers et servir d'interprète, mais le Dottore se contente de lui indiquer où est la caserne des carabiniers.

Elle y est reçue par un officier qui parle quelques mots de français. Assez vite, elle comprend que les policiers n'ont aucune piste sérieuse. Le jour même, elle rentre en Suisse.

La nécessité d'agir de notre côté s'affirme de plus en plus. Fin juillet, à Lausanne, au quartier général de la Sûreté vaudoise situé dans la ville haute, nous rencontrons l'inspecteur principal Margot et son adjoint, l'inspecteur Quattropani. Quel contraste entre ces deux hommes ! Margot, proche de la retraite, est d'une taille imposante et d'un tempérament calme. Il a le parler lent et onctueux des cadres qui ont l'habitude de diriger des réunions. Quattropani, jeune, a un physique de sportif. Il est vif et incisif. D'origine tessinoise et parlant l'italien couramment, il lui arrive de collaborer avec la police italienne. Je l'ai déjà croisé quand je suis venu reprendre la Porsche. Il est de ceux qui ont ausculté ma voiture avant que je ne la ramène en Suisse.

Ce que nous rapportons aux deux policiers est bref : notre entretien avec le juge Damiano ; mes conclusions pessimistes à la suite du voyage de ma femme à Saluzzo et de sa visite aux carabiniers. J'insiste sur le fait qu'il n'y a plus grand-chose à attendre de ce côté. Comment Margot et Quattropani vont-ils réagir à notre volonté d'engager un détective privé ? Je crains qu'ils n'ironisent sur les polices parallèles et la mythologie du privé, mais ils n'ont pas un mot pour m'en dissuader.

Au contraire, un nom leur vient tout de suite : un de leurs jeunes collègues a quitté la Sûreté après huit ans de service pour se mettre à son compte et fonder ici même, à Lausanne, une agence d'investigations. Il s'agit selon eux d'un homme intègre, sérieux et capable, ayant une certaine expérience des enquêtes criminelles.

Crachin d'automne, ciel plombé sur le lac : on croirait que le Léman déverse son trop-plein d'eau sur la tête des Lausannois. Mon cours achevé, je quitte le Conservatoire et me hâte vers notre rendez-vous, où Leslie m'attend. C'est la première fois de ma vie que je rencontre un détective, je ne suis pas insensible au côté romanesque de la situation. Qui vais-je trouver ? Un cousin du fameux Marlowe : col d'imperméable relevé, négligence étudiée, répliques affûtées ?

Mon interlocuteur se révèle plutôt monsieur passe-partout, ce qui est sans doute une qualité pour un jeune enquêteur qui se lance dans une carrière où se confondre avec les murs est parfois la meilleure façon d'opérer. Jean-François Rémi n'est pas grand, mais d'une solide corpulence. Ses cheveux bouclés et ses traits doux, presque poupins, contrastent avec l'idée que je me faisais d'une tête de privé. Il a le sourire sympathique, quoiqu'un peu désolé, de ceux qui ont survécu à un nombre impressionnant d'événements désolants.

Son « Office d'enquêtes et de recherches » se résume à un bureau sombre situé au premier étage d'un immeuble quelconque d'une rue triste dans le quartier le plus gris de Lausanne.

Il écoute poliment, prend des notes lisibles par lui seul sur un calepin dont il tourne les pages en mouillant son index. À la fin de notre exposé, il rit silencieusement pour lui seul, se redresse et déclare :

— Finalement, cette affaire n'est pas si mal engagée.

Les doigts réunis en un geste magistral, il expose avec précision le cadre juridique dans lequel il compte opérer, en accord avec la police ! Il me détaille frais et débours qui s'ajoutent à la rétribution normale d'un agent privé de recherche – à peu près septante francs suisses l'heure. Il s'empresse d'ajouter qu'il ne m'enverra sa note qu'une fois l'affaire résolue.

Ce bel optimisme me comble d'aise. Ai-je trouvé l'homme de la situation, réservé, rigoureux et compétent ?

Le 31 octobre, nous recevons une synthèse rédigée par ses soins qui résume parfaitement les choses. La conclusion ne laisse pas d'être surprenante mais, à la réflexion, elle n'est pas dénuée de bon sens :

En raison du fait que ce violon est difficilement négociable, il faudrait essayer d'avoir un contact avec le voleur – par l'intermédiaire de la presse éventuellement –, lui donner toute garantie afin qu'il ne soit pas inquiété et monnayer la restitution de l'instrument.

Nous revoyons Rémi quelques jours plus tard. Il me communique son plan : s'adjoindre un collaborateur à Turin. Justement, il a dans cette ville un confrère qui vient de reprendre l'agence de son père. Son nom est Mancini, un patronyme assez répandu en Italie ; son prénom, Ildebrando, l'est beaucoup moins.

Avoir un homme sur les lieux où le vol a été perpétré nous paraît le bon sens même. Bref, l'approche du détective nous convient tout à fait ; nous lui donnons notre accord, confiants dans l'avenir. Hélas, premier pépin : Rémi tombe assez gravement malade. Nous allons perdre de longs mois.

12

Antonio

D'où vient le violon ? Les historiens ne s'accordent pas sur ce point. Certains pensent que l'instrument a pour ancêtres la vielle du Moyen Âge, dont la caisse de résonance était formée d'un seul bloc de bois creusé et évidé, puis la viole. Cependant, contrairement à celle-ci, le violon est un instrument à touche lisse. D'autres experts notent que la *lira di braccia* à six cordes avait une table et un fond bien distincts. En fait, c'est le rebec, joué par les ménestrels, qui lui ressemble le plus : il n'a certes que trois cordes, mais il requiert l'usage de l'archet.

Apparu dans les premières années du XVIe siècle, le violon italien était tenu sur les genoux ou sur un escabeau, le français se plaçait déjà contre la poitrine et sous le menton. Dès 1526, la présence d'un *liuter* est attestée à Crémone, près de la porta Maggiore. Son nom : Liunardo da Martinego. Et l'on sait qu'Andrea, le fondateur de la dynastie des Amati, fabriquait des violons à quatre cordes à Crémone dès le milieu du siècle, tandis qu'en France est gravé en 1562 le portrait de Gaspard Duiffoprugcar, luthier installé à Lyon, qui semble avoir joué un rôle éminent dans sa discipline.

La seule certitude que nous ayons, c'est que l'histoire du stradivarius débute un siècle plus tard dans l'atelier du petit-fils d'Andrea, Niccolo Amati. Le plus fameux luthier de la lignée eut des apprentis qui devinrent célèbres : Andrea Guarneri (dont le petit-fils Giuseppe Antonio se baptisera del Gesù, pour se distinguer de son père Giuseppe), Jaccopo Stainer (qui s'installera avec succès en Allemagne). Et un certain Antonio Stradivari. On le croit né en 1644; âgé de seize ans à peine et orphelin, il fut confié au maître.

Tout jeune, Antonio étonnait son entourage par son acharnement au travail et la qualité de son oreille. On suppose qu'une fois devenu compagnon, il prit part à la confection de certains des violons signés Amati. Ce dernier, pour faire bonne mesure, quand par la suite Antonio se lança à son tour dans la carrière, influença les premiers instruments de Stradivari – les experts parlent de violons « amatisés ».

Les premiers instruments d'Antonio Stradivari ressemblent en effet beaucoup à ceux de son maître, qui font merveille encore aujourd'hui, notamment dans la musique baroque. Puis, vers les années 1690, les modèles d'Antonio, baptisés *longuets* à cause de leur forme un peu plus allongée, se caractérisent par un affinement des lignes, des voûtes plus marquées, des filets plus profonds et un vernis foncé qui contraste avec celui, plus clair et flamboyant, des couleurs de la maturité. Dans le premier quart du XVIIIe siècle, les violons qui naissent de sa main s'imposent rapidement par la richesse inouïe de leur palette sonore. La caisse est plus carrée, avec un dos en érable ondé d'un seul tenant ou en deux parties ajointées, le vernis prend cette teinte brun orangé qui sera si souvent copiée. C'est l'âge d'or du luthier, avec un sommet autour de 1715.

Le premier violon de Stradivari que l'on connaisse date de 1666. L'année suivante, Antonio épousa Francesca Ferraboschi, dont il eut six enfants. Francesco et Omobono, qui ne lui survivront l'un et l'autre que de quelques années, seront également luthiers, mais n'atteindront jamais à la virtuosité de leur père. Avec leur aide et celle de quelques apprentis appelés à leur tour à devenir célèbres, tels Giuseppe Guarneri et Francesco Guadagnini, celui qui signait désormais ses instruments du nom de Stradivarius honore les commandes des principales cours d'Europe et fournit les virtuoses de son époque – entre autres Corelli et Tartini, l'auteur présumé du fameux et périlleux *Trille du diable.* On commença à préférer l'éclat et le brillant de ses violons aux vertus plus intimes de ceux d'Amati ou de Stainer. Certains de ses instruments sont devenus célèbres et connaissent une histoire qui dépasse de loin celle de leurs premiers propriétaires, tels l'Allard ou le Cremonese (ex-Joachim) de 1715, le Messie de 1716 et le Kochanski de 1717.

Au nom de Stradivarius est lié, indissociablement, celui de la ville où il naquit, vécut et mourut : Crémone. C'est également la ville natale d'un grand musicien, Monteverdi, mort à Venise en 1654, mais qui, dans les dernières années de sa vie, séjourna fréquemment à Crémone et fréquenta l'atelier de Niccolo Amati.

J'y ai joué à plusieurs reprises et c'est toujours avec une grande émotion que j'y retourne, tant le génie des lieux est imprégné du son envoûtant du violon. Si l'on possède un peu d'imagination, comment ne pas éprouver un sentiment étrange lorsqu'on se promène sur les pavés glissants de la vieille ville, un soir d'hiver froid et brumeux, à proximité de la piazza del Comune, magnifique place médiévale, que domine, du haut de ses cent onze mètres, juste à côté du Duomo, l'impressionnante silhouette du Torrazzo, le plus haut campanile d'Italie, élevé au XIIIe siècle ?

Dans les premières semaines de 1988, plusieurs mois après le vol, à l'invitation de la télévision suisse romande, je retournai à Crémone pour quelques heures, après un court voyage à Saluzzo. Nous voulions centrer l'émission sur les stradivarius et, d'une façon plus générale, sur le violon et son histoire.

C'était un jour d'hiver, humide et froid. De la neige subsistait çà et là. Sous l'œil impitoyable de la caméra, je me promenai dans la ville, j'entrai dans un bar – le *Stradivarius*, bien entendu. Au journaliste qui conduisait l'entretien et suggérait que cette ville était surtout vouée au tourisme et à l'exploitation mercantile d'un mythe, je répondis que pour moi, musicien ayant la chance de jouer un strad, Crémone représentait tout autre chose. Quand je donnais un concert à Crémone, je ramenais mon violon à la maison. Et j'en étais heureux pour lui. C'est là qu'il était né. Là que reposait l'âme de Stradivarius, là qu'était son foyer, corso Garibaldi, là sa pierre tombale, piazza Roma. J'avais l'impression que mon violon, de retour dans cette ville, respirait un air qu'il connaissait mieux que quiconque. Je n'étais pas loin de croire qu'il en gagnait encore en énergie et en richesse d'expression.

Le journaliste insista :

— Vous y repensez, au Kochanski ?

— Bien sûr. Il est toujours avec moi. Je n'y pense pas comme à un souvenir, mais comme à un ami qui m'a momentanément quitté. Nous nous retrouverons.

— Vous en avez le ferme espoir ?

— C'est plus qu'un espoir, c'est une conviction profonde. Je le sens dans ma peau. Il ne peut pas rester longtemps éloigné, nous avons des attaches épidermiques. Un jour, nous serons de nouveau ensemble.

Pour les besoins du film, nous nous rendîmes ensuite dans l'atelier de l'un des maîtres luthiers crémonais actuels, Francesco Bissolotti. Cet homme robuste, à tablier blanc et barbe noire, voulait d'abord être musicien, puis, fasciné par l'instrument, il désira le connaître de l'intérieur. Trente-cinq après, ce désir ne l'a pas quitté. Peut-être Antonio Stradivari aurait-il aimé être connu comme violoniste et fasciner l'aristocratie de l'époque en jouant sous les voûtes des églises romaines ou les plafonds richement décorés des palais vénitiens...

Le film montre Bissolotti à l'œuvre. Par exemple, il installe l'âme de l'instrument, ce petit touron de bois guère plus épais qu'un petit doigt qui relie la table au fond : c'est de l'exact positionnement de cette pièce que dépend le parfait réglage acoustique du violon. Le luthier se demande, soudain ému, si dans deux cent cinquante ans quelqu'un jouera l'un de ses violons. Je l'espère pour lui.

Un seul de ses confrères a sa *bottega* directement sur la piazza del Comune. D'origine allemande, Gaspar Borchardt est le petit-fils du poète et romancier Rudolf Borchardt (qui traduisit *La Divine Comédie*), né à Königsberg en 1877 et mort en 1945 près d'Innsbruck. Avec sa femme Sibylle, Gaspar travaille en face du Duomo et accueille volontiers les passants.

Juste à côté, se trouve le Palazzo Comunale. Avec la petite équipe de la TSR, nous grimpâmes le vaste escalier qui conduisait au deuxième étage. Nous traversâmes la salle des Actes, qui avait conservé ses parures du XVIIe siècle et où se réunissaient encore le maire et ses adjoints, puis, accompagnés du conservateur, d'un gardien et d'un agent de police – les visiteurs ne peuvent être introduits que si le gardien est accompagné par un représentant des forces de l'ordre – pénétrâmes dans le saint des saints : la *Sala dei Violini.*

Cinq violons d'exception sont conservés ici, dans des vitrines : le Charles IX de France de 1566, fait par Andrea Amati ; le Hammerle de 1658 dû à Niccolo Amati ; le Quarestani de Giuseppe Guarneri, fils d'Andrea, 1689 ; le Cremonese de la période d'or de Stradivarius, 1715 ; et un violon de Giuseppe Guarneri, dit del Gesù, petit-fils d'Andrea et fils de Giuseppe. En 1996, un splendide alto, le Staufer, œuvre de Gerolamo Amati, le père de Niccolo, vint les rejoindre.

Le professeur Mosconi, conservateur des lieux, un homme charmant, très élégant, rendait visite tous les matins aux cinq violons. Sans doute pour les arracher à la torpeur du musée, il leur faisait prendre l'air en les jouant l'un après l'autre. Il m'invita à essayer le Cremonese, qui avait le plus splendide dos du monde : d'une seule pièce, une table de sapin au grain très fin et un vernis original d'un brun-rouge éclatant. C'était l'un des exemplaires les plus beaux, les plus caractéristiques, les mieux conservés de la meilleure période du maître. La caisse mesure trois cent cinquante-huit millimètres et, bien sûr, on trouve à l'intérieur sur l'étiquette originale l'inscription habituelle : ANTONIO STRADIVARIUS CREMONENSIS FACIEBAT ANNO 1715.

L'instrument fut d'abord la propriété du virtuose Joseph Joachim qui le reçut pour son jubilé, en 1889, des mains du maire de Crémone. La ville le racheta en 1961 à la maison londonienne William Hill *and* Sons – dont Desmond est un descendant.

J'étais très ému en jouant cette légende stradivarienne. Ému et triste : je trouvais sa douceur mélancolique. Je demandai au professeur Mosconi :

— Depuis combien d'années n'a-t-il pas voyagé ? Il me fait penser à une beauté qui dort.

Le conservateur agita les mains dans un geste d'impuissance. Les sentiments mitigés qu'éprouvent de nombreux instrumentistes envers les musées sont en partie justifiés. Entre la protection minimale que méritent ces instruments et cette espèce de séquestration luxueuse où ils sont confinés, n'y a-t-il pas une juste mesure à trouver ? De tels instruments devraient partager la vie d'un violoniste, au lieu de s'étioler dans leurs prisons de verre. Le silence qui émane d'eux, simples objets de contemplation pour des milliers de touristes, a quelque chose de glaçant. Lorsque Stradivarius fit ce violon, il l'aura confié à quelque bon musicien de la ville pour l'essayer.

Quand je me promène à Crémone et que je pense à celui qui donna vie à mon Kochanski, je vois un homme penché sur son établi, l'œil sourcilleux, la pointe aux âmes dans la main droite, repoussant pour la dixième fois, à travers l'une des ouvertures en forme de S, la fameuse petite pièce de bois d'un millimètre [1]. Le luthier est au dizième de millimètre près, comme le virtuose au centième de seconde. Parfois, Antonio s'arrête dans son travail, contemple les violons accrochés à un fil et qui achèvent de sécher au-dessus de lui. Il hume les arômes mêlés du bois entreposé dans un coin, des colles et des vernis, l'odeur prédominante étant celle du benjoin, gomme tendre et brillante. C'est un homme simple, bon mari, bon père, bon citoyen. Doué pour le bonheur et fuyant les honneurs,

1. Sur la vie, en réalité mal connue, d'Antonio Stradivari je conseille vivement *Les Violons du roi* (Denoël, 1990), un roman de Jean Diwo écrit de main de maître et solidement arrimé à une érudition aussi riche que plaisante.

Antonio Stradivari est contraint de s'incliner quand des personnages importants, envoyés par quelque prince ou archevêque pour lui commander un quatuor, viennent parader dans son atelier. Il a très peu voyagé – si ce n'est dans la campagne bergamasque pour choisir sur l'arbre le bois de ses instruments –, et n'a rencontré ni Vivaldi à Venise ni Corelli à Rome. À l'époque déjà, ses violons comme ceux des meilleurs de ses confrères sont parfois volés. La chose était même si fréquente que le pape avait confié à un évêque *in partibus* le soin de fonder et de diriger une police spéciale pour les retrouver et châtier les coupables. Des mille instruments au moins qu'Antonio Stradivari créa en cinquante ans, il en resterait aujourd'hui environ six cents, dont quatre cents répertoriés et moins d'une centaine à être régulièrement joués par des musiciens professionnels.

Antonio n'était pas un homme de science, mais on sait par les nombreux croquis et études qu'il a laissés qu'il ne cessa jamais de rechercher les proportions idéales, d'un point de vue acoustique, pour ses instruments. C'est grâce à un curieux personnage, vénéré par les musicologues, que nous savons comment travaillait le maître dans sa *bottega* : passionné de violon, le comte Ignazio Cozio di Salabue racheta aux descendants de Francesco Stradivari, le fils aîné d'Antonio, outre une dizaine de stradivarius, les outils, les dessins préparatoires, les étiquettes, les formes, les moules retrouvés dans son atelier après la mort du maître, en 1737. Paolo, le petit-fils, refusait obstinément que cette collection revînt à la ville de Crémone, qu'il jugeait ingrate envers la mémoire de son grand-père ; elle finit pourtant par y retourner, puisqu'elle se trouve exposée au musée Stradivariano.

Pourquoi le stradivarius s'est-il imposé comme le violon par excellence ? La discussion reste ouverte. Certes, les luthiers français – tel Jean-Baptiste Vuillaume – ou anglais qui, au début du XIXe siècle, achetèrent à très bon prix les instruments du maître de Crémone avaient intérêt pour les valoriser à les doter de vertus magiques. Ce sont eux qui attribuèrent au célèbre vernis de Crémone une part prépondérante dans leur réussite acoustique. Ce qui est partiellement inexact. Les vernis jouent un rôle certain, notamment dans la persistance du rayonnement sonore, mais aucunement un rôle essentiel.

Autrement plus importants sont le choix des essences d'arbres, le calcul de l'épaisseur de la table et du fond, la découpe des ouïes, le réglage de la barre d'harmonie, le positionnement de l'âme. Sait-on, par exemple, que si la table est en général taillée dans du sapin et le fond dans de l'érable, où la propagation du son est moins rapide, c'est que le fond doit être un ton plus bas que la table ? Un élément nouveau est intervenu très récemment. Deux chercheurs américains ont émis une hypothèse séduisante : ce serait à la persistance de conditions climatiques rigoureuses, entre 1645 et 1715, qu'on devrait l'exceptionnelle sonorité des instruments fabriqués par Antonio. L'époque a connu une moindre activité solaire, avec une baisse des températures sur l'Europe de l'Ouest, des périodes d'ensoleillement courtes et des hivers particulièrement longs. On sait que le maître de Crémone choisissait avec soin les bois, érables et épicéas, qu'il achetait pour son atelier. Il s'approvisionnait de préférence dans le sud des Alpes italiennes, dans le massif qui abrite aujourd'hui le parc naturel Paneveggio. Le froid a la propriété de ralentir la croissance des arbres, entraînant le resserrement des cernes d'accroissement. Le bois gagne ainsi en légèreté et en densité, ce qui communique à la table d'harmonie élasticité et souplesse. Comme Stradivarius laissait reposer le bois une trentaine d'années avant de l'utiliser, toute sa production, des premiers instruments encore imparfaits de son apprentissage avec Amati jusqu'aux derniers violons des années 1730, a bénéficié de ces circonstances exceptionnelles. C'est dire aussi que l'explication a ses limites : d'autres luthiers qui travaillaient à la même époque, avec les mêmes arbres, n'ont pas réussi aussi bien. Et Stradivarius lui-même a progressé toute sa vie, jusqu'à la fameuse période d'or – 1710-1725 – où ses violons ont atteint une perfection inconnue jusqu'alors et jamais atteinte depuis par aucun autre.

La lutherie n'est pas une science exacte, comme l'acoustique, quantité de variables entrent en jeu, aussi bien dans le choix et le traitement des matériaux que dans les règles présidant à leur assemblage. Un violon réussi est toujours un miracle – même si Antonio sut, mieux que quiconque, réduire au minimum la part du hasard, chaque détail côtoyant la perfection.

Comment un tel homme aurait-il pu imaginer que son nom deviendrait commun ? Le prestige du stradivarius – sorte d'excellence absolue dans son ordre – lui a conféré une valeur métaphorique qui autorise bien des dérapages, parfois de goût douteux. On raconte que Jules Massenet, ému jusqu'aux larmes quand il entendit sa Juliette interprétée par la cantatrice australienne Nellie Melba, appela celle-ci madame Stradivarius – la cantatrice connut le même sort avec la célèbre pêche. J'ai moi-même vu à la télévision le réalisateur Bertrand Blier parlant de stradivarius à propos du visage, en effet admirable, d'Anouk Grinberg, son actrice fétiche. Et lu dans un grand quotidien français un article sur l'invention de la kalachnikov, décrivant cette arme comme *le stradivarius de la mort* !

On peut souhaiter un usage métaphorique plus approprié. Le paradoxe reste en tout cas que soit devenu commun le nom d'un instrument qui l'est si peu.

13

Deux larrons en foire

Printemps-été 1989

Avril 1989. Deux ans après le vol, voici enfin quelques raisons d'envisager l'avenir avec plus d'optimisme : Jean-François Rémi est sur pied. Il a étudié le dossier à fond, le jeune homme est sympathique et m'inspire confiance.

Jusqu'à présent, déguisé en monsieur tout-le-monde, il a passé le plus clair de son temps à filer des femmes légères ou des messieurs travaillés par le démon de midi. Le pauvre a planqué des heures entières dans sa vieille Volkswagen. Ou alors, à l'affût dans quelque recoin, montre en main et caméra au poing, il a guetté la réapparition de l'épouse infidèle ou du mari volage.

L'affaire du Kochanski volé est autrement plus exaltante. Mis en appétit, Jean-François Rémi, visiblement bien rétabli, est prêt à consacrer beaucoup de son temps et de son énergie pour le retrouver.

Mais qu'en est-il d'Ildebrando Mancini ? Le confrère italien de mon sympathique détective suisse demeure un mystère pour moi. Rémi me parle de lui en détail, me le décrit comme un jeune homme intelligent, rusé et fiable. Un peu gêné, il m'avoue qu'ils se sont rencontrés dans une boîte de nuit. Le personnage lui-même, je ne le verrai qu'en photo. Le cliché est paru dans le supplément dominical d'un quotidien turinois, au moment où Mancini reprenait l'agence de son père : les deux hommes posent devant le siège de l'agence au 39, via Capodimonti. Mancini fils entoure d'un bras protecteur les épaules de son père, qu'il domine d'une bonne tête. Ildebrando est beau garçon : traits réguliers et virils, épais cheveux noirs frisés, grands yeux sombres, sourire enjôleur.

— Toujours très élégant. Peu de femmes lui résistent, précise Jean-François Rémi, avec un soupçon d'envie.

Mancini a cependant dans le regard un quelque chose de trouble, de flou, qui me gêne.

Le 21 avril, nos deux détectives, l'Italien et le Suisse, se retrouvent pour un déjeuner de travail à Aoste, ville située à mi-chemin de Turin et de Lausanne. Que se disent-ils ? Je l'ignore, mais le courant passe et ils se mettent au travail. Quelques jours après ce déjeuner, Rémi reçoit une lettre de son homologue italien, qui m'est adressée. Il me la transmet aussitôt.

Monsieur Mancini m'informe qu'il est disposé à faire passer une annonce dans *La Stampa*, journal diffusé au niveau national, et dans un quotidien local de Saluzzo afin d'essayer de récupérer « l'objet » selon mes instructions. Il a pris contact avec un « studio légal de Turin », un cabinet d'avocats dûment assermentés, auquel il a expliqué le problème de façon détaillée. Le cabinet se déclare prêt à jouer le jeu, c'est-à-dire à se poser en amateur de stradivarius.

Ensuite, le détective demande une avance pour pouvoir donner un mandat régulier au cabinet d'avocats, régler les frais d'annonce et entreprendre des recherches dans le milieu des antiquaires de Turin et alentours.

Le plan que nous avons mis au point commencerait-il enfin à voir le jour ? Ce plan remonte à octobre 1988, et nous sommes en mai 1989...

Nous chargeons Rémi de transmettre à son confrère notre accord de principe, une procuration pour le cabinet d'avocats ainsi qu'un premier chèque. Ma seule exigence : que Mancini me fasse parvenir les articles parus dans la presse italienne.

Pendant deux mois, silence. Que se passe-t-il ?

Leslie et moi cherchons à accélérer le mouvement. Jusqu'à l'été, elle a trois, quatre conversations téléphoniques avec

Rémi, sans progrès notables. Si j'avais été d'un naturel plus méfiant, j'aurais fini par soupçonner les deux privés de ne pas avoir le même intérêt, donc la même impatience, que moi à voir mon Kochanski restitué.

Fin juin, l'annonce paraît une première fois dans les journaux prévus. Le texte en est laconique – il est préférable de faire simple pour ne pas donner prise au soupçon :

COLLECTIONNEUR ACHÈTE VIOLON STRADIVARIUS.
APPELER LE...

Le numéro est celui du cabinet d'avocats qui sert d'intermédiaire.

Cependant, alors que je suis à l'étranger pour une série de concerts, c'est sur notre répondeur personnel que nous recevons le message d'une personne qui, sans laisser de nom ni de numéro de téléphone, affirme vouloir vendre un violon ancien dans un état de conservation exceptionnel. À l'évidence, mon interlocuteur a d'abord fait traduire son message par une tierce personne, avant de le réciter en français, langue qu'il parle avec un fort accent italien. Le lendemain, il y a encore deux appels sur le répondeur, mais sans message cette fois. En revanche, on entend nettement des bruits provenant d'un restaurant. Malheureusement, je n'ai pas le réflexe de conserver l'enregistrement; soumis à une analyse en laboratoire, il nous aurait peut-être appris des choses intéressantes.

Nous sommes en plein mystère. Mancini, alerté par Rémi, jure ses grands dieux qu'il n'a parlé à personne de l'affaire Amoyal, qu'il n'a pas encore eu le temps de lancer son enquête auprès des antiquaires, bref qu'aucune information n'a filtré de son bureau, ni du « studio légal de Turin » chargé de faire paraître l'annonce.

Le 4 juillet, Jean-François Rémi m'appelle, suite à un coup de téléphone de son ami Ildebrando. Quatre personnes se sont manifestées après la parution des annonces. Trois d'entre elles vendent des stradivarius, mais aucun datant de 1717. Quant à la quatrième, elle propose un fagnola de 1912 ! Belle réussite...

Les détectives ne se découragent pas : Mancini va procéder à deux nouvelles insertions et entreprendre rapidement son enquête auprès des petits receleurs, nombreux à Turin.

En été, l'Italie s'assoupit et la Suisse n'est pas très vive non plus. Nos deux détectives se reposent. Je passe de l'exaspération à la consternation, puis je me raisonne : repasser des annonces dans cette période n'aurait peut-être pas beaucoup de sens.

Lundi 4 septembre, nouvelle conférence téléphonique entre Rémi et Mancini – Rémi affectionne cette expression pompeuse désignant un simple coup de téléphone. Résumé : Monsieur Mancini va faire le nécessaire pour que de nouvelles annonces paraissent dans les prochains jours. Ses recherches chez les antiquaires l'ont conduit sur une piste : un homme se prétendant musicien, de nationalité autrichienne ou allemande, venu dans la région donner un concert, cherche à acquérir un stradivarius. Le privé turinois va se renseigner pour savoir qui est ce personnage et quelles sont ses exigences.

J'ai la désagréable impression que nous tournons en rond. Je n'ai pas toutes les cartes en main, loin s'en faut, mais je ne parviens pas à dissiper le sentiment que quelqu'un freine les investigations et paraît se complaire dans cette étrange nébuleuse. Mais pour quelle raison ? Mon imagination s'emballe. Peut-être aurais-je dû exiger de Rémi qu'il me fasse rencontrer le sémillant détective italien. L'homme ne parle pas le français ? Je passe ma vie aux quatre coins du monde à jouer avec des artistes étrangers, et quand les langues usuelles pratiquées en musique (l'allemand, l'anglais et le français) ne suffisent pas, c'est par signes que l'on communique.

Mais voilà : Rémi semble protéger cette relation privilégiée avec son correspondant turinois. Pour tout dire, ces deux-là donnent l'impression de s'entendre comme larrons en foire...

Ce 25 septembre 1989, un appel de Jean-François Rémi très excité nous laisse subjugués : il vient d'avoir une longue conversation téléphonique avec Mancini, lequel aurait localisé mon violon !

— L'affaire est très compliquée, s'empresse-t-il d'ajouter. Ne divulguez en aucun cas ces renseignements. Monsieur Mancini a besoin très vite d'un deuxième chèque pour poursuivre l'enquête. La semaine prochaine au plus tard, il sera en mesure de nous dire s'il s'agit, ou non, du Kochanski.

Nous sommes sur des charbons ardents. Pas question de perdre une minute ! Dans l'après-midi, Leslie se rend à Lausanne pour remettre à Rémi le chèque rédigé à l'ordre de Mancini. Le détective s'engage à le transmettre le plus rapidement possible.

J'apprendrai par la suite, car sur le moment Rémi ne croit pas nécessaire de m'en informer, que Mancini déménage. Il installe son étude via Accademia Albertina, dans un des quartiers chics de Turin. Ildebrando a donc besoin d'argent. De beaucoup d'argent.

La semaine suivante, me voici une fois de plus en route pour un concert à Bratislava.

Après le souper avec les musiciens, un message de Leslie m'attend à la réception. Rémi vient d'appeler : Mancini confirme que le violon se trouve à Turin. Les deux privés doivent se rencontrer à Aoste. L'Italien demande qu'on lui fournisse des photos du Kochanski. Leslie n'a pas caché à Rémi qu'elle aimerait être présente. De ma part, c'est plus qu'un souhait. Jean-François lui a expliqué, en termes diplomatiques, qu'il serait peut-être préférable de laisser les hommes de l'art s'expliquer entre eux. Elle n'a pas insisté, de crainte que le détective n'y voie un signe de défiance.

Tôt le lendemain, Leslie se rend à Lausanne pour apporter à Rémi différentes pièces concernant le Kochanski, notamment des photos. Sur les agrandissements, j'ai entouré d'un cercle les impacts, rares et difficiles à discerner à l'œil nu. Elle lui décrit selon mes indications et avec précision l'étui et les quatre archets de Peccatte, dont l'un a un trou bouché au niveau de la tête à l'aide d'une minuscule pièce de bois. Ma femme attire également son attention sur les incrustations en ivoire qui ornent le bouton du cordier du violon.

À Aoste, les deux privés se retrouvent dans une trattoria du centre-ville. Le Turinois confirme à son confrère suisse que le violon a été localisé par l'un de ses informateurs.

Cet individu, qui a des relations compliquées avec la police – une façon élégante de dire qu'il a un pied au moins dans les milieux criminels de la ville –, connaît bien le milieu des antiquaires turinois et tout ce qui concerne les collectionneurs. Il lui a été possible de contrôler certains points, notamment la date sur l'étiquette et le dos du violon en deux parties, avec ses veines partant vers le haut. L'homme, bien sûr, désire conserver l'anonymat. Jean-François Rémi nous résume l'histoire :

— L'actuel possesseur du stradivarius souhaite s'en séparer. Le violon a été volé, apparemment par hasard, par un trafiquant de drogue de la région. Celui-ci s'en est débarrassé en le vendant à un antiquaire pour une somme dérisoire. L'antiquaire meurt subitement d'une crise cardiaque et l'instrument se retrouve entre les mains du receleur actuel... Tout cela me paraît un peu tiré par les cheveux, ajoute Rémi.

Je ne peux pas le contredire.

— Néanmoins le propriétaire actuel est prêt à fournir d'autres preuves, reprend-il, notamment des photos du violon ou de son étui.

J'explose. De quel côté se situent réellement le détective et son associé italien pour parler avec autant de naturel du « propriétaire actuel » ? Rémi s'excuse : il ne pensait pas à mal. Il précise un détail : deux hygromètres se trouvent dans la boîte.

Ce n'est pas moi qui les ai placés dans l'étui. Il est fréquent que les collectionneurs utilisent de tels instruments pour masquer leur peu de compétence en matière de lutherie et parce qu'ils pensent que l'instrument se dérègle à la moindre variation climatique. Non, les violons ne sont pas si fragiles. La présence de ces hygromètres n'est donc pas un critère.

Déjà décidé.

Mon grand-père
devant sa boutique.

Ma mère Vera Popravka
avec Wilfred Amoyal.

Avec ma mère.

Très studieux.

À quinze ans, ma première photo d'artiste,
un peu floue.

La classe de Roland Charmy
au Conservatoire national supérieur de musique.

Le plus jeune
dans la classe de Jascha Heifetz aux USA.

J. Arkatov

Jascha Heifetz.

Erato

Enregistrement de la *Symphonie espagnole* d'Édouard Lalo,
avec le chef d'orchestre Paul Paray.

Lauterwasser

Avec Herbert von Karajan.

Collection particulière

Avec Alexis Weissenberg.

N° 101. JUIN 1987. 24 FRANCS

Le Monde de la MUSIQUE

Télérama

LE VRAI BRAHMS

24 ŒUVRES DE LA VIE D'UN COMPOSITEUR. TOUT LE GÉNIE DE BRAHMS EST DANS SA MUSIQUE DE CHAMBRE.

OÙ EST PASSÉE L'AVANT-GARDE?

LA BATAILLE FAIT RAGE ENTRE LES CHAPELLES. LA CRÉATION EN QUESTIONS: UNE GRANDE ENQUÊTE.

CUNNINGHAM ARMITAGE

INTERVIEWS EXCLUSIVES.

M 2131 - 101 - 24,00 F

3792131024006 01010

francese al quale hanno rubato l'amato Stradivari

MILIARDI, RICATTI E SANGUE PER IL VIOLINO MALEDETTO

«Per restituirmi quello strumento unico al mondo, appartenuto allo zar Nicola II e che ho appena finito di pagare, hanno chiesto un riscatto di tre miliardi che non potrò mai versare», dice Pierre Amoyal. Il ladro è stato assassinato per paura che rivelasse a chi lo ha ceduto, ma sono almeno due i delitti collegati a questo «giallo»

Guglielmo Lobera

di GIANGAVINO SULAS

Ginevra, luglio.

"Sono come un cantante al quale siano state strappate le corde vocali. Senza il mio Stradivari, appartenuto allo zar Nicola II, sono un musicista finito, perché con nessun altro violino riuscirò mai a stabilire un vero e proprio "patto d'amore".

«I ladri che il 15 aprile 1987 me l'hanno rubato a Saluzzo si sono portati via anche una parte di me. Spero quindi che me lo restituiscano, ma soprattutto spero ardentemente che il

continua a pag. 30

Pierre Amoyal, 40 anni, (nella pagina accanto), in un'immagine di quando poteva ancora mostrare sorridente il prezioso Stradivari che gli è stato rubato il 15 aprile 1987 a Saluzzo con la sua Porsche. L'auto (qui sotto) fu ritrovata intatta, ma dello strumento nessuna traccia. Amoyal non è in grado di pagare il riscatto richiesto, anche perché il giorno del furto il violino non era assicurato. Secondo gli inquirenti il ladro potrebbe essere stato Valentino Giordano, 33 anni, ucciso nell'89. A fianco, il cadavere del giovane.

La Stampa

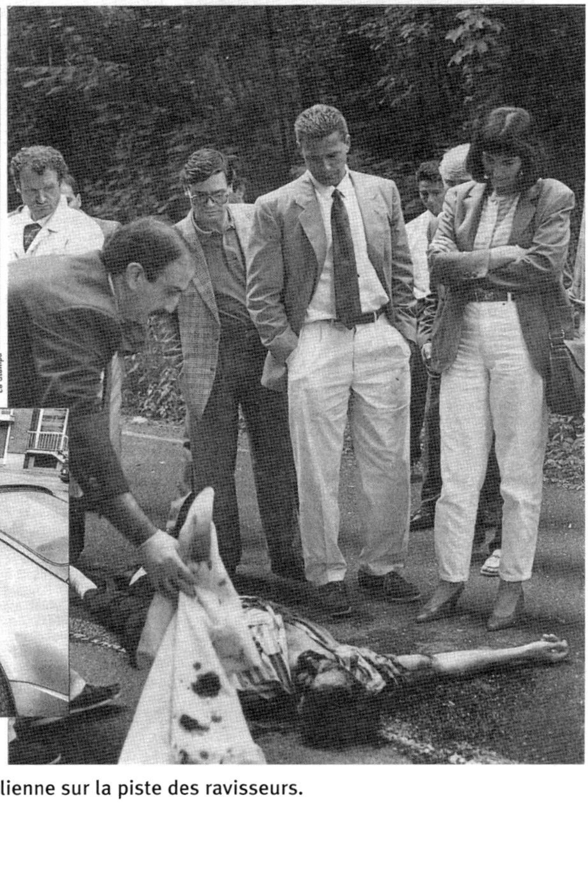

Stills

La presse italienne sur la piste des ravisseurs.

E. Signorelli / Gamma

Les carabiniers ont retrouvé le précieux “Kochanski”.

E. Signorelli / Gamma

Avec Leslie et l'avocat Egidio.

V. Purdom

Le concert donné en l'honneur des carabiniers.

Collection particulière

Concert donné à Vilnius, avec le Lithuanian National Philharmonic Orchestra, dirigé par Saulius Sondeckis, à l'occasion du 100e anniversaire de la naissance de Jascha Heifetz.

D. Jeambar

Deux virtuoses :
Howard Buten et Pierre Amoyal.

Collection particulière

La Camerata de Lausanne.

V. Purdom

Sauf mention contraire, les photos appartiennent à l'auteur.

— Et ce n'est pas tout, reprend Rémi. Nous avons évidemment parlé argent, à Aoste.

Notre mystérieux receleur croit savoir que le stradivarius est estimé à deux millions de francs suisses. En prononçant ce chiffre, le petit Jean-François semble rêveur. Il a tenté de faire comprendre à Mancini qu'en aucun cas je ne serais disposé à payer une telle somme.

Nous sommes naturellement prêts à dédommager le « vendeur » – c'est-à-dire le sinistre individu qui joue le rôle du receleur –, mais certainement pas d'un montant aussi exorbitant. Avant de débourser le moindre centime, nous exigeons des preuves : des photos du violon, par exemple, qui me permettraient de vérifier les allégations de Mancini.

Rémi, se rappelant peut-être qu'il est un ancien policier, formule une autre hypothèse : fixer un rendez-vous au vendeur et alerter les carabiniers pour couvrir la transaction. Opération délicate, reconnaît le détective : le receleur ne doit pas apprendre que c'est l'ancien propriétaire qui veut racheter l'instrument, et encore moins que la police est au courant de la manœuvre. Mancini prétend en effet, et Rémi semble le croire, que le vendeur pense avoir affaire à un collectionneur anonyme.

Je suis effaré par la tournure que prend cette enquête. Et ce d'autant plus que je suis sur le point de partir aux États-Unis, pour une longue tournée qui m'éloignera une fois encore du théâtre des opérations. Mille questions se pressent dans ma tête et me torturent. Peut-on faire confiance à Mancini ? Qui est cet informateur et que veut-il exactement ? En alertant la police, ne risque-t-on pas de bloquer cette ouverture qui se dessine ?

14

Mes violons

Le lecteur a déjà fait connaissance avec le Kochanski, une des plus belles œuvres du génie du Stradivarius des grandes années. J'ai décrit sa robe orangée, flamboyante, l'étendue de sa palette sonore, pas moins de quatre octaves et demie de beauté, sa troublante féminité, lui si viril dans les graves, les finesses secrètes de son anatomie.

Son histoire [1] en revanche n'est qu'imparfaitement connue. L'instrument passa probablement entre les mains de Paganini, qui joua des dizaines de stradivarius et en posséda une demi-douzaine. La reconnaissance universelle tardive d'Antonio doit beaucoup au virtuose et compositeur génois qui ne jurait que par les violons de Stradivarius. Mais la légende s'y est mêlée : le tsar Nicolas II, subjugué par la virtuosité du grand artiste polonais, l'aurait offert à Pawel Kochanski, au terme d'un récital inoubliable. Non, en réalité le violoniste l'a acheté peu avant la révolution de 1917 au comte Loris Melikoff, dont le père était un célèbre général russe qui s'illustra durant la guerre russo-turque de 1875. Ce comte dirigeait la garde personnelle du tsar et finit sa carrière comme ministre de l'Intérieur. Il était donc un familier du tsar et il est très possible que celui-ci, passionné par les beaux instruments, ait eu le stradiva-

1. Reconstituée par le luthier londonien Charles Beare, à qui j'exprime ici toute ma gratitude.

rius entre les mains. Auparavant, il avait été rapporté d'Italie par Jean-Baptiste Vuillaume, et vendu à un autre aristocrate russe, mécène et violoncelliste virtuose, le comte Matvei Wielhorski. Avant de se retirer avec son frère aîné, le comte Mikhaïl, dans leur immense domaine de Koursk, où ils entretenaient un orchestre privé, Matvei s'est produit dans toute la Russie et en Europe. Les Wielhorski étaient connus pour leur générosité. Ainsi, le jour de ses soixante-dix ans, en 1864, le comte Matvei offrit-il au célèbre violoncelliste Carl Davidov un violoncelle fameux de Stradivarius, daté de 1712, qui porte aujourd'hui le nom du virtuose et est joué par Yo-Yo Ma, après avoir appartenu à Jacqueline DuPré.

Mais revenons à notre violon. Comment le stradivarius est-il arrivé entre les mains de monsieur Fred Popple, ce riche marchand de poisson de Grimsby ? En 1920, Kochanski, qui possédait déjà un autre stradivarius et un guarnerius, l'avait vendu pour trois mille livres sterling au luthier londonien Alfred Hill. Cette somme, importante pour l'époque, démontre le caractère exceptionnel de l'instrument.

On n'imagine pas aujourd'hui, alors que seuls quelques chanteurs de rock et certaines stars de cinéma sont capables de déclencher des engouements de masse, les déchaînements de ferveur enthousiaste provoqués par les grands concertistes de l'époque. Dans les premières années du XXe siècle, Nellie Melba, la soprano australienne, à la sortie de Covent Garden, à Londres, fut entourée par des centaines de fans qui détachèrent les chevaux de son carrosse pour tirer eux-mêmes sa voiture jusqu'à son hôtel. Lors de ses tournées américaines, l'illustre pianiste Jan Paderewski vit parfois son train arrêté en rase campagne par des foules d'admirateurs venus lui témoigner leur enthousiasme.

La Russie impériale chancelant face à la révolution, Pawel Kochanski dut fuir le pays. Avec son compatriote polonais, le pianiste Arthur Rubinstein, il fut démasqué à quelques kilomètres de la frontière polonaise par un détachement de bolcheviks. La situation aurait pu mal tourner pour les deux artistes si

Pawel n'avait eu l'idée de jouer sur son stradivarius les premières mesures de l'*Internationale*.

À cause de la révolution bolchevique, Kochanski ne put, le 4 février 1917, créer à Saint-Pétersbourg le premier concerto de Karol Szymanowski, comme prévu. Son ami avait écrit la partition pour lui et Kochanski y avait directement collaboré, comme on peut le lire dans une lettre du compositeur à Zofia, la femme de Pawel, où Karol Szymanowski affirme avoir inventé, avec Kochanski, « un style et un mode nouveau d'expression pour le violon ». Le violoniste se trouvant en Amérique, la première audition eut lieu sans lui à Varsovie, le 1er novembre – avec Jozef Ozminski, premier violon de l'Orchestre philharmonique de Varsovie, dirigé par Emil Mlynarski.

La vie de Kochanski ne fut pas une succession de triomphes. Alors qu'il séjournait à Londres, une série de revers financiers le contraignit à vendre son stradivarius peu après la Première Guerre mondiale. Pendant de nombreuses années, le virtuose tenta de rassembler l'argent pour racheter son instrument, mais n'y parvint jamais. Après le vol, j'entrevis là comme une malédiction dont je craignais qu'elle eût atteint le violon lui-même.

De nombreux compositeurs dédièrent leurs œuvres à Pawel Kochanski, notamment Sergueï Prokofiev et Igor Stravinski, mais c'est de Karol Szymanowski que le virtuose resta le plus proche. Tout ce que le compositeur écrivit pour le violon porte la marque de Pawel, notamment les œuvres pour violon et piano : la *Sonate* opus 9, la *Romance* opus 23, le *Nocturne* et les trois *Mythes*.

C'est encore plus vrai du deuxième *Concerto* (opus 61). Il fut commencé en août 1932, alors que Karol et Pawel passaient l'été à Zakopane, une station touristique des hautes Tatras, dans le sud de la Pologne, et achevé en septembre 1933. Kochanski, jugeant l'œuvre trop courte, y ajouta une cadence de sa propre main. Déjà très malade, il tint à donner la première audition le 6 octobre à Varsovie, sous la direction de Grzegorz Fitelberg. Il ne rejoua plus cette œuvre, car il mourut trois mois plus tard, dans les premières semaines de 1934. Zofia, l'épouse de Pawel, ne voulut jamais revoir Karol, estimant que le compositeur, qui ne survivra que trois ans à son ami, avait précipité la disparition de son mari.

Je jouai quelque temps un autre violon fameux qui ne m'appartint jamais : le Faisan Doré, le plus célèbre des instruments construits par Jean-Baptiste Vuillaume, qui ne se contenta pas de réviser les stradivarius et autres guarnerius del gesù qu'il avait rapportés d'Italie. Je connaissais toute l'histoire de cet instrument grâce au livre écrit par un oncle de Bernard Millant, le grand expert archetier de Paris. Je l'avais admiré alors qu'il était exposé à la salle Pleyel. J'ai toujours pensé que l'attribution à Vuillaume était loin d'être assurée : je pouvais soupçonner le grand luthier, qui était aussi marchand et enviait le génie des maîtres crémonais, d'avoir collé son étiquette à l'intérieur d'instruments italiens, alors très prisés. Je suis d'avis qu'il pourrait s'agir d'un guadagnini. Déjà, du temps de Stradivarius, certains luthiers de Milan ou de Brescia n'hésitaient pas à falsifier les étiquettes, d'où le grand nombre de strads en circulation dont l'authenticité est douteuse.

Au début des années 1980, le Faisan Doré était à vendre. On me le proposa. Mon amour entier pour le Kochanski et mes réserves financières limitées m'empêchèrent de l'acquérir. En septembre 1987, cinq mois après le vol, je me rendis à Crémone où avait lieu une importante exposition de violons de Stradivarius. Tous les grands luthiers et de nombreux concertistes étaient au rendez-vous.

Un dîner de gala réunit participants et exposants à l'hôtel Continental. La disparition du Kochanski faisait comme un trou noir menaçant dans la masse lisse des conversations mondaines. Je ne me sentais pas tout à fait dans la peau d'un pestiféré, mais pas vraiment heureux d'être là. Bernard Millant, que je fréquentais assez pour qu'il sentît mon désarroi, me proposa de m'asseoir à sa table.

— Pierre, me dit-il, si tu as besoin d'un bon violon en attendant de retrouver le tien, le Faisan Doré est à ta disposition, le temps que tu voudras.

Cette proposition généreuse ne pouvait pas mieux tomber. Je connaissais l'instrument, ses prodigieuses possibilités, et j'étais fatigué de changer sans cesse de violon pour mes concerts. En partant pour le Mexique quelques jours plus tard, j'emportai le Faisan Doré. Et, là, dans la grande salle de concert *Bellas Artes* de Mexico, je compris très vite que ce violon et moi avions beaucoup de choses à nous dire.

D'un point de vue purement technique, la sonorité du Kochanski est plus fine, plus transparente, plus aérée, alors que le Faisan Doré est plus proche d'un athlète : le son est musclé, sauvage, bestial même, dans les graves. C'était à moi de l'apprivoiser, de trouver avec lui la civilité, l'élégance. Il fit merveille dans la musique slave, c'est avec lui que je gravai le premier *Portrait* de Béla Bartók.

Dans les premières semaines de 1988, voyant que l'enquête était au point mort et que mon Kochanski ne semblait pas vouloir rentrer à la maison, je demandai à Bernard Millant si son oncle, propriétaire du Faisan Doré, consentirait à me le vendre. La réponse fut négative : l'oncle souhaitait le garder dans la famille et le léguer à ses héritiers. En revanche, il était d'accord pour me le prêter le temps qu'il faudrait ; c'était déjà beaucoup, je sus m'en contenter.

Le troisième violon qui compta pour moi est un autre stradivarius : le Milanollo de 1728. Typique de la dernière période du maître, l'instrument dégage une impression de puissance et de maturité. Deux pièces d'érable à petites ondes serrées qui remontent légèrement vers les bords en constituent le fond. La table, creusée d'élégantes ouïes, est faite de deux pièces d'épicéa à pores fins. La volute a conservé son chanfrein peint en noir. Le vernis orangé sur fond doré est d'une grande séduction. L'instrument était entré dans la collection du grand contrebassiste Domenico Dragonetti peu après la Révolution française. Il avait d'abord appartenu à Paganini, puis à Jean-Baptiste Viotti, que les musicologues de l'époque considéraient comme digne de son illustre aîné. La Révolution avait ruiné ce protégé de

Marie-Antoinette qui vendit le stradivarius à Dragonetti. Celui-ci le conserva jusqu'à sa mort en 1846 et le légua à Teresa Milanollo qui n'avait alors que dix-neuf ans. Avec sa sœur cadette Maria, qui jouait également un stradivarius, le Hembert-Milanollo, elle parcourut l'Europe. La mort précoce de Maria, à seize ans, affligea tellement Teresa qu'elle cessa pratiquement toute activité musicale après son mariage avec un petit-fils du général Parmentier, amateur du mélange de viande hachée et de pommes de terre qui porte aujourd'hui son nom. Après avoir sommeillé chez plusieurs collectionneurs, le violon vibra à nouveau entre les mains de Christian Ferras, l'un des très grands virtuoses français, avec Zino Francescatti, de cette fin du XXe siècle.

J'admirais beaucoup Christian Ferras, mais je ne l'avais pas approché. Nos chemins ne s'étaient pas croisés, jusqu'à ce jour où Georg Solti m'engagea pour jouer le concerto d'Alban Berg. C'était l'une des rares œuvres du répertoire que je n'avais pas travaillées avec Jascha Heifetz. Christian Ferras, en revanche, avait donné de ce concerto encore peu joué des interprétations légendaires : il en avait les clefs. J'allai donc le voir à l'hôtel où il descendait quand il séjournait à Paris. Il m'expliqua sa manière d'aborder cette œuvre, les coups d'archet, les doigtés... Il fut avec moi d'une gentillesse, d'une générosité qui me bouleversèrent. La soirée me fut très bénéfique : le concerto d'Alban Berg lança ma carrière.

Christian Ferras et moi devînmes amis. Quand il lui arrivait de devoir annuler sa participation à un concert, il faisait appel à moi pour le remplacer. Pourquoi, alors que nous n'étions pas de la même génération et qu'il ne me devait rien, avait-il tant de bonté pour moi ? Je le lui demandai un jour. Sa réponse fut magnifique.

— Je vais te dire, Pierre. Quand j'avais ton âge et que je débutais dans la carrière, j'avais beaucoup souffert de ce que le grand Jacques Thibaud me considère comme un rival. J'avais décidé de faire exactement le contraire lorsque se révélerait un nouveau jeune violoniste français pouvant prendre ma succession. Ce jeune, ce sera toi.

Il ajouta :

— Un jour, tu penseras à moi en te disant : cet homme-là m'a aidé.

Je fus si ému que je l'embrassai. Sa fragilité, je ne l'ai compris que plus tard, venait de sa dépendance à l'alcool. Comme nous tous – même si certains ne l'avouent pas –, il avait le trac avant de se produire sur scène. Un jour, à Philadelphie, seul dans sa chambre d'hôtel, il pensa pouvoir s'aider d'une petite dose de whisky pour se donner du courage avant le concert. Ce soir-là, il joua merveilleusement. Cette forme primitive de dopage devint une habitude, sauf que très vite ce ne fut plus un verre qu'il absorbait, mais deux, trois et plus. En 1983, au sortir d'un concert à l'étranger – j'avais joué le concerto de Beethoven –, mon agent de l'époque, Michel Glotz, m'annonça la terrible nouvelle : Christian venait de se jeter par la fenêtre de son appartement. On ne sut jamais s'il était tombé accidentellement, sous l'influence de l'alcool, ou s'il s'était suicidé.

Quelques années plus tard, son épouse vendit le violon à un musicien et collectionneur, Paolo Jori, qui le destinait à sa femme, Sylvie Gazeau, professeur de violon et chambriste estimée. Elle aimait jouer le Milanollo, mais le couple voulait acquérir un appartement à Paris rue du Bac ; ils décidèrent donc de s'en séparer et de le confier, pour la vente, à Étienne Vatelot. Celui-ci connaissait mon amitié et mon admiration pour Christian, il me le proposa, pensant que ce serait un formidable violon pour moi.

Nous étions au début de l'année 1990 et, après avoir longtemps espéré retrouver mon Kochanski, je déchantais. Cependant, la confrontation avec le violon de Christian me troublait. J'avais l'absurde impression que l'on me proposait de partir en voyage avec la femme de mon meilleur ami. Je répondis à Étienne Vatelot :

— C'est un instrument magnifique, mais j'étais trop proche de Christian, je ne peux toucher à ce violon.

Je pris néanmoins rendez-vous avec le luthier le lendemain. Leslie m'accompagna. Je saisis le Milanollo avec réticence, le contemplai, jouai un moment, puis dis :

— C'est toujours Christian qui est en lui, il n'est pas pour moi.

Nous l'avons vu, le Milanollo date de 1728. Antonio Stradivarius était alors très âgé et, même si l'instrument porte sa signature, on peut conjecturer qu'il n'y aura mis que la touche finale, son fils Francesco réalisant le travail de base. Sur ses vieux jours, Antonio se souciait moins de la beauté de l'instrument comme objet de lutherie que de la recherche de nouvelles sonorités. Le Milanollo avait un petit défaut sur le fond, un signe distinctif. À l'époque, on ignorait s'il s'agissait d'une fracture due à un choc ou à une manipulation un peu brusque, ou bien de la caverne d'un ver indésirable qui aurait fait son trou dans l'érable.

Un peu plus tard dans la journée, j'essayai le violon salle Gaveau, où je devais donner un prochain récital, afin d'en tester la sonorité et la projection. Le Milanollo est vraiment un violon de rêve. Mais en le rapportant à Étienne Vatelot, je ne cessais de penser à Christian Ferras, à son suicide, et je répétai au luthier :

— Ce n'est pas mon violon.

Je rentrai à mon hôtel. Le lendemain, tôt, après une mauvaise nuit, j'allai tel un automate chez Vatelot. C'était un samedi, l'atelier était fermé. Je me rendis en métro rue Portalis, où habitait le luthier. Il n'eut pas l'air surpris de me voir arriver. Je lui demandai :

— Étienne, donne-moi le violon de Christian.

Il me le prêta pour quelques semaines, le temps que nous réunissions les fonds. Il fallait faire vite : Paolo Jori craignait de voir l'appartement de la rue du Bac lui échapper. Nous devions emprunter; ma femme s'occupa du montage financier, moi-même je n'avais pas le temps. Elle mit deux banques en concurrence. Quelques jours plus tard, la somme demandée était disponible.

La veille d'un concert au théâtre de Beausobre à Morges, en Suisse, avec mon complice et ami Mikhaïl Rudy, Leslie partit pour Paris avec le chèque en poche. L'affaire se conclut très vite, ma femme rentra avec le Milanollo. À la sortie du concert, elle m'attendait :

— Pierre, voilà ton violon.

Pour fêter l'événement, nous allâmes dîner chez Girardet avec Mikhaïl. J'étais heureux d'avoir un nouveau compagnon, impatient de faire sa connaissance, de l'apprivoiser, de refaire ma vie avec lui. Je n'oubliais pas pour autant le Kochanski.

Tous les violonistes tiennent leur instrument de la même façon, qu'ils utilisent une mentonnière, un foulard ou un mouchoir pour atténuer les frottements sur la peau : le violon touche nos cordes vocales. Le violon est le prolongement de ma voix, sa vibration est mon âme.

Mais on peut être un grand musicien et ne pas aimer le son du violon. Tous les pianistes n'ont pas la franchise de François-René Duchable, qui m'expliqua un jour :

— Pierre, si on ne joue jamais ensemble, ne crois pas que c'est parce que tu ne serais pas un bon musicien. J'ose à peine l'avouer, mais j'ai horreur du son du violon, de ces aigus qui m'écorchent les oreilles. Je suis comme ces personnes que le contact d'un chat font frissonner.

Duchable a considérablement évolué sur ce point : sa mère voulait l'entendre dans des sonates avec moi et, depuis, nous avons donné une série de récitals. Ce qui me ravit, car François-René est un fabuleux partenaire.

Le violoniste imprime à l'instrument qu'il joue son idéal. Il a dans la tête une sonorité de rêve et, à force de caresser un violon dans le sens qui lui semble être le bon, il finit par le faire rêver avec lui. Et ce violon devient son miroir. Quand il en joue bien, que l'aisance technique se marie avec l'inspiration du moment, il se sent transcendé par l'alchimie. Après avoir été joué, bien joué, grâce à toutes ces belles sonorités que le virtuose a su lui arracher et qui se sont déposées en lui, le violon devient meilleur. Il existe une capitalisation du beau qui échappe à la logique comme au vocabulaire de l'économie libérale.

Seuls les instruments qui ont un passé peuvent nous faire rêver. La mémoire d'un stradivarius est souvent fabuleuse. Imaginez le Kochanski : Igor Stravinski, Sergueï Prokofiev, Karol Szymanowski ont entendu pour la première fois, jouées par lui, des mélodies qu'ils avaient écrites pour lui. Ce violon me raconte chaque jour son histoire.

Attitude mystique ? Chacun en jugera. Il m'est arrivé avec le Milanollo une aventure étrange. Environ un an après en être devenu le compagnon, j'étais aux Pays-Bas pour une tournée et je jouais avec orchestre le *Poème* de Chausson et *Tzigane* de Ravel. C'était un soir d'hiver, dans une petite ville plongée dans le brouillard, je donnais mon quatrième ou cinquième concert dans une salle où je ne m'étais jamais produit. Dès les premières notes, je sentis quelque chose de très particulier, un malaise qui tentait de m'envahir. Et ce phénomène, mon violon, le Milanollo, le sentait aussi, comme un cheval rétif qui se cabre devant l'obstacle et refuse de poursuivre. L'orchestre était bon, le chef à l'aise dans la partition, rien à voir non plus avec le public, attentif, chaleureux et nombreux. Je fis du mieux que je pus et, en sortant de scène, je questionnai le directeur de la salle. L'homme avait remarqué mon agitation et mon inquiétude, mais hésitait à me révéler ce qui le préoccupait.

J'insistai :

— Dites-moi ce qui vous tracasse et ce que vous savez.

Il me regarda d'un air peiné.

— Christian Ferras est venu dans cette salle, il y a quelques années. Il a interprété le *Poème* de Chausson et *Tzigane* de Ravel. Il n'avait pas l'air très heureux.

— Je commence à comprendre.

— Ce n'est pas tout, monsieur Amoyal. Ce fut son dernier concert. Une semaine après, Christian Ferras est mort à Paris, dans les circonstances dramatiques que vous savez.

En y repensant, je suis convaincu que le violon voulait me dire quelque chose, me mettre en garde.

15

Un pas en avant, deux en arrière

Automne 1989

— Pierre, tu peux me dire où est ton violon ?

Mon maître se tient devant moi, les bras croisés, les yeux fixés sur moi. Son regard est celui des mauvais jours. Très haut dans le ciel, un aigle décrit des orbes immenses au-dessus de nous. L'endroit est désertique, loin de la ville, pas la moindre trace de vie, aucune végétation.

Jascha Heifetz est venu me chercher ce matin, au volant d'une magnifique Studebaker décapotable vert émeraude de la fin des années 1960. Je ne lui connais pas cette voiture, et l'idée de troquer mes heures d'exercices contre une promenade avec lui est assez tentante. Je m'installe à l'arrière, sur l'étroite banquette de cuir crème. Le siège avant droit est occupé par Antonio, un homme âgé, en tenue de mécanicien, qui n'a pas dit un mot de tout le voyage. Nous roulons longtemps vers l'est, dans les faubourgs de Los Angeles, jusqu'à ce coin perdu de la Sierra, au-delà de San Bernardino.

Curieux endroit pour une leçon.

Jascha Heifetz répète fermement sa question. Antonio, assis sur le capot de la voiture, regarde vers le ciel, la tête ailleurs. Je montre l'étui de mon violon. Il est fermé à clef, ce que je ne fais jamais. Jascha Heifetz ne me lâche pas des yeux. Je lui explique que la boîte est verrouillée, que je ne peux pas l'ouvrir.

— Peux-tu croire cela, Antonio, il n'a pas les clefs !

Le vieil homme s'approche, soulève l'étui, le pose contre son oreille comme s'il écoutait l'intérieur. Je sais bien que la boîte est vide. Ma culpabilité ne fait aucun doute. Mais Antonio me regarde avec un sourire et se tourne vers le maître :

— Ne t'inquiète pas, Jascha, mon violon est bien là. Je l'entends qui vibre en silence.

Ce n'est qu'un rêve, mais ce rêve, je l'ai fait à plusieurs reprises, avec des variantes. Celle-ci, par exemple : la scène se passe dans un casino. Assis devant le piano à queue, en train de régler la hauteur du tabouret, se tient mon partenaire, Ildebrando Mancini, en habit à veste blanche. Son visage hilare semble me narguer. Jascha Heifetz est au premier rang. Il fixe la pointe de ses bottines noires luisantes impeccablement lacées. Je ne parviens pas à ouvrir la boîte de mon violon. Je sens, dans mon dos, que le public s'impatiente. On applaudit les musiciens, je voudrais disparaître sous terre.

Revenons à Mancini. Nous sommes toujours en 1989, à la veille de la Toussaint. Le privé turinois informe Rémi qu'il a enfin reçu de son informateur deux photos Polaroid du violon. Elles présentent les mêmes caractéristiques que celles de l'instrument volé. Il les envoie le jour même à son confrère suisse.

— À l'intérieur de la boîte se trouvent aussi deux montres, dont l'une est une Cartier, ajoute-t-il.

Cela ne signifie rien, l'information a déjà circulé.

Une semaine passe, les photos n'arrivent toujours pas. Le 6 novembre, enfin, Rémi les reçoit par courrier. Une heure plus tard, Leslie se rend à Lausanne, dans le bureau du détective. Il s'agit bien du Kochanski ! Elle rentre à la maison avec les photos et j'identifie sans le moindre doute le violon. À la fois euphorique et tendu, je m'attends à ce que la partie ne soit pas facile.

Notre plan de bataille est prêt depuis longtemps. Il faut contacter l'homme qui détient le stradivarius et lui proposer une rencontre, de préférence dans un lieu public. Si la somme importante que nous entendons lui verser pour le dédommager ne lui paraît pas suffisante, je m'en remettrai alors à une intervention de la police. Devant m'absenter prochainement pour un long voyage à Singapour, je suis pressé de conclure.

Jean-François Rémi ne partage pas ma joie. L'air soucieux et perplexe, il répète plusieurs fois :

— Tout ceci est bien compliqué.

À Paris, une relation m'a donné les coordonnées de l'Office de répression du trafic d'œuvres d'art. Désireux de faire feu de tout bois, je demande à Rémi de l'appeler. L'idée de voir intervenir la police française dans cette enquête ne l'enchante pas. À contrecœur, il compose le numéro devant moi, explique l'affaire et demande si l'Office dispose à Turin d'un correspondant capable de nous aider. À Milan, les agents de l'Office de répression du trafic d'œuvres d'art travaillent avec un inspecteur d'Interpol.

Je presse Rémi d'organiser un rendez-vous avec Mancini, par exemple dans un café, et avec celui qui détient le stradivarius. Et cela avant mon départ pour l'Asie du Sud-Est.

Journée capitale que ce 6 novembre ! Le téléphone n'arrête pas de sonner, je ne ménage pas ma peine pour avancer mes pions. Appel de Rémi : Leslie était à peine sortie de son bureau que Mancini téléphonait. Le vendeur est très réticent quant à un éventuel rendez-vous avec moi.

L'homme se méfie. Moi aussi...

Nous rappelons à Rémi qu'il n'est pas question pour nous de négocier le retour du violon sur la foi d'une simple photo. Par ailleurs, Mancini lui a certifié que son informateur ne traitera plus sans avoir au préalable obtenu une certaine somme d'argent.

Qu'il nous fixe un montant acceptable et nous propose un lieu de rendez-vous à Turin ou dans les environs, bar, restaurant, hôtel, que sais-je ! Je ne veux pas qu'Ildebrando Mancini se rende, porteur d'une forte somme, au domicile du vendeur, dans un parc ou un endroit n'offrant aucune garantie. Rémi, lui, tient à assurer ses arrières : en cas de dérapage de la part du receleur, les carabiniers interviendront. Il y a peu de chances que le receleur le reçoive chez lui, à moins d'être stupide, mais je préfère garder cette observation pour moi.

Nous suggérons à Jean-François de reprendre contact avec le commissaire Margot de la Sûreté vaudoise. Rémi est resté en bons termes avec ses anciens collègues de la police suisse. Il apprend par eux que Margot a noué des contacts avec les carabiniers. Il saute sur l'occasion et téléphone dans la foulée au commissaire. Lequel lui promet de mettre l'athlétique inspecteur Quattropani sur l'affaire – ce qui est très généreux de sa part, il n'est nullement obligé d'intervenir dans une enquête qui n'est pas directement de son ressort. Rendez-vous est pris pour le 9 novembre dans les bureaux de la Sûreté à Lausanne.

Ne pas agir dans la précipitation est un principe que je me suis fixé aussi bien dans ma carrière que dans ma vie privée. Je réfléchis aux moyens de sécuriser les conditions de la rencontre. Quel système de surveillance, discret et sûr, interdira au violon de disparaître une deuxième fois quand la transaction aura eu lieu ?

Deux jours passent, Ildebrando transmet à Rémi les exigences de son indicateur : cinquante mille francs suisses pour me mettre en contact avec le vendeur. Si nous refusons de payer, il coupera toute relation avec Mancini.

Nous nous mettons d'accord : l'informateur italien laissera à la réception de l'hôtel Terminus, près de la gare principale, un message indiquant à quel endroit il faudra déposer l'argent. La procédure est classique, et simple.

Je reste dubitatif. Quelles garanties ai-je ? Quelles certitudes ? Parce que, enfin, ce monsieur X, cet informateur de l'ombre dont on ne cesse de me parler, je ne l'ai jamais rencontré. Existe-t-il seulement ? En même temps, je ne peux décourager Rémi et son ami italien. J'ai vraiment l'impression, désespérante, de tourner en rond autour d'un violon que je sens à portée de main et qui ne cesse de se dérober. Mais puis-je risquer de faire échouer la transaction en refusant purement et simplement les conditions de la partie adverse ? Une seule solution : marchander pour gagner du temps, essayer d'en savoir plus. Rémi doit rencontrer l'inspecteur Quattropani dans moins de vingt-quatre heures, il étudiera avec lui tous les scénarios envisageables.

Cependant, le détective suisse me conseille, en signe de bonne volonté, de verser à monsieur X la moitié de la somme demandée, le reste à la restitution du stradivarius. Mais à qui donner cet argent ? Dois-je rédiger le chèque à l'ordre de Mancini ?

Le doute m'envahit. Je devine que Jean-François est pris entre deux feux. Parfois, il semble perdre de vue que c'est l'intérêt de son client Pierre Amoyal qu'il lui faut défendre au premier chef. Les nombreuses heures passées au téléphone avec son homologue turinois auraient-elles faussé ou influencé son jugement ?

J'en apprends un peu plus sur leur indicateur. Monsieur X : un personnage haut placé à Turin qui doit impérativement conserver l'anonymat. Son intérêt : que l'affaire soit liquidée au plus vite et se termine à la satisfaction commune des deux parties avant que n'éclate un scandale. Ses exigences : ayant fait des recherches poussées pour localiser le violon et identifier son actuel possesseur – il en a apporté la preuve en produisant les photos Polaroid de l'instrument –, il estime avoir droit à une solide compensation financière.

Les cinquante mille francs suisses qu'il réclame serviront à payer les petites mains qu'il emploie. Il n'est pas question de chèque mais d'argent liquide glissé dans une mallette que Jean-François Rémi remettrait à Mancini. Une fois l'argent déposé et reçu, monsieur X prendra contact avec moi et me fournira les éléments pour retrouver le violon.

Quel serait le prix exact demandé pour le stradivarius ? Mancini ne peut pas encore le préciser. Nous risquons de nous engager dans une dangereuse spirale de surenchères. Tout cela ressemble fort à du chantage. Je vais donner la valeur du cachet de trois ou quatre de mes concerts à des inconnus sans avoir la moindre garantie qu'ils tiennent leur parole.

Dans les jours qui suivent, la partie de poker menteur avec Mancini et son informateur continue de plus belle. Nous proposons vingt-cinq mille francs suisses sur-le-champ, le reste au retour de l'instrument. Mancini transmet à monsieur X. Celui-ci répond invariablement :

— Je ne peux rien garantir pour l'instant, mais il me faut l'argent tout de suite, pour payer mes limiers, autrement je me retire de l'affaire.

14 novembre. Nouvelle péripétie, peut-être nouvelle piste : nous retrouvons la trace du stradivarius dans le compte-rendu d'un interrogatoire des carabiniers. Ceux-ci travaillent sur le meurtre d'un truand où la Mafia serait impliquée. Le frère de la victime, désireux de venger sa mort, serait prêt à collaborer avec la police – c'est d'ailleurs un honnête homme qui n'a jamais eu maille à partir avec la loi. Il affirme que, quelques jours avant d'être assassiné, son frère lui aurait avoué qu'il avait volé un stradivarius pour le compte d'une organisation criminelle très active à Turin, la Carnazza.

Ainsi la malédiction du Kochanski a frappé. J'en suis meurtri. Il est infiniment navrant que le sang ait coulé pour la possession d'un instrument de musique, aussi rare et fameux soit-il. Qu'il y ait eu mort d'homme donne une coloration funeste à ce qui jusqu'alors n'était qu'une sordide histoire de vol et de recel.

Ce triste rebondissement réveille l'intérêt de la police turinoise. Certains membres de la Carnazza sont mis sur écoute. On entend leurs correspondants déclarer qu'ils n'envisagent pas de dépenser des millions pour acquérir un violon dont la valeur réelle leur est inconnue. Est également évoquée une tractation avec le propriétaire, vivant en Suisse et désireux de retrouver son instrument. Bref, les carabiniers sont désormais persuadés que la redoutable organisation détient le violon. Dès lors, comment récupérer le Kochanski ?

Ma situation n'est pas simple. Je navigue entre deux logiques : l'une, officielle, concerne l'enquête des carabiniers, épaulés par l'inspecteur de la Sûreté vaudoise ; l'autre, officieuse, toujours à la limite de la légalité, requiert le concours de deux agents privés à qui j'ai confié mes intérêts et dont je ne suis pas sûr.

Rémi et Quattropani sont sur le point de partir pour Turin afin de rencontrer les responsables du *Nucleo Operativo* et de mettre sur pied un plan d'action. La présence de l'inspecteur de la Sûreté vaudoise est un gage de sérieux, ce qui me satisfait pleinement. Je charge le détective de dire aux policiers que j'envisage très sérieusement de payer, en espérant qu'ils feront passer l'information à tous les acteurs de cette affaire. Pourquoi cacherais-je ma volonté d'aboutir ? Que ce soit officiellement ou officieusement, seul compte le résultat.

16

Mes compositeurs

(sonates)

Les musiciens professionnels et les amateurs de musique ont souvent une approche très éloignée des compositeurs. Les amateurs en ont une connaissance théorique et livresque. Au contraire, comme interprètes, nous cohabitons avec eux de manière plus ou moins pacifique mais certainement très personnelle, parfois complice, durant des années. Nous les pratiquons, sommes si près de leur personnalité musicale, style et procédés d'écriture, que nous avons parfois le sentiment de connaître aussi la personne présente derrière les œuvres, entre chaque note de leur musique.

Certains grands créateurs sont du genre que l'on vénère, devant lesquels on se sent humble, désireux de servir leurs partitions le mieux possible. Ils intimident et installent une distance. D'autres deviennent familiers, leur musique les rapproche de nous. Ils se transforment en véritables amis, avec lesquels on pourrait converser sur tous les sujets.

Ainsi, quand j'ai lu des biographies de Brahms, j'ai vu se confirmer des impressions que j'avais ressenties à maintes reprises en décryptant ses sonates : sa musique retransmet à merveille les heures qu'il passa au bord d'un lac suisse, à écouter les sons du vent, de la nature, de l'eau. Beethoven, en revanche, me semble dresser entre lui et son interprète une barrière quasiment infranchissable. La familiarité avec les œuvres ne change rien au sentiment : l'impression que je décris ne fait que croître au fur et à mesure que l'on avance en expérience et que l'on découvre de nouvelles clefs d'interprétation.

Mozart, le film *Amadeus* le montre bien, fut une sorte de médium. Il semblait saisir la musique directement au bout de la plume. Recevant le message d'une inspiration que l'on pourrait croire divine, il n'avait plus qu'à le coucher sur le papier, là où tant d'autres doivent peiner sans relâche. Chez Beethoven, non moins génial pourtant, il fallut une lutte sans fin, un combat acharné pour arracher chaque partition au silence.

La plupart des grands concertistes internationaux tournent avec une dizaine de sonates. C'est peut-être regrettable, mais les mélomanes et les organisateurs de concerts le veulent ainsi. Dans le répertoire pour violon, les trois best-sellers sont la *Sonate à Kreutzer* de Beethoven, la troisième *Sonate en ré mineur* de Brahms et la *Sonate pour violon et piano* de Franck. D'immenses chefs-d'œuvre ; on fait le voyage sur ces vaisseaux avec un enchantement toujours renouvelé. Ajoutez, pour les Français, les sonates de Saint-Saëns, de Fauré, de Debussy, de Ravel, pour les Slaves celles de Prokofiev et de Bartók, et nous avons malheureusement déjà presque fait le tour.

Un journaliste féru de calculs statistiques, que j'avais rencontré lors d'une tournée en Afrique du Sud, s'était intéressé à la sonate de Franck et au nombre de fois que j'avais pu la jouer en trente ans de carrière. Il était arrivé à près de mille interprétations. Sur le moment, ce résultat me parut totalement extravagant ; à la réflexion, il ne devait pas être loin de la vérité : en trente ans de carrière et avec près de cent concerts par an, j'ai bien dû jouer cette sonate une fois sur trois. On pourrait craindre qu'une lassitude s'installe, qu'en interprétant si souvent la même œuvre, le violoniste peut se sentir d'avance menacé par l'ennui. En réalité, il n'en est rien. Pas une seule fois je n'ai joué cette œuvre sans y trouver quelque chose de nouveau. Même si les nuances, les variations que j'apporte à l'exécution, essentielles et stimulantes pour moi, sont à peine perçues par le public, qui n'y entend que des modifications homéopathiques de tempo ou de phrasé.

La *Sonate à Kreutzer* de Beethoven, pièce virtuose par excellence, est un choc cataclysmique entre deux instruments. C'est sans doute, dans l'histoire de la musique, la première sonate où l'affrontement entre le violon et le piano atteint une telle intensité. C'est le conflit devenu musique au terme d'une transmutation où l'alchimie sonore préserve des moments de tendresse ou d'élégance. Le finale est pour les instrumentistes un magnifique tour de force.

La *Troisième sonate* de Johannes Brahms représente pour moi ce qu'un compositeur peut arriver à faire de plus proche d'une symphonie avec deux instruments. Cette chimie instrumentale entre le violon et le piano ouvre à l'auditeur un environnement symphonique virtuel.

Pour le XXe siècle, c'est Sergueï Prokofiev qui me vient d'abord à l'esprit. La façon dont Staline a détruit son existence jusqu'à la fin a quelque chose de tragi-comique. Les deux hommes sont morts à quelques heures d'intervalle, et la disparition du tyran a naturellement éclipsé celle du créateur. Il ne restait plus une fleur en ville pour en déposer sur la tombe de Prokofiev. Ce dernier est allé très loin dans la recherche formelle sans nuire pour autant à la richesse de l'invention mélodique. Sa prédilection allait au piano, pour lequel il écrivait avec une aisance instinctive rarement égalée, mais il a senti, comme Béla Bartók, les vertus lyriques du violon et en a développé les possibilités avec une prodigieuse audace. Il écrivit son premier concerto et transcrivit trois de ses cinq mélodies pour Pawel Kochanski, et pour David Oïstrakh les deux sonates, très éloignées l'une de l'autre.

La première, en *fa* mineur, commencée en 1938, ne fut achevée qu'en 1946, donc après la création de la seconde, en 1942. Mon ami Igor Oïstrakh, le fils de David, qui faillit être mon professeur à Moscou, me raconta l'histoire suivante. Un jour de 1938 – Igor avait sept ou huit ans –, quelqu'un frappa à la porte de leur appartement à Moscou. On n'attendait personne, et à cette époque, on ouvrait toujours le cœur battant. Heureuse surprise, c'était Prokofiev, une partition sous le bras.

— Ton père est-il là ?

David arriva, le compositeur lui dit :

— Je viens d'écrire cette sonate. J'aimerais savoir ce que tu en penses.

Pour lui, ce n'était qu'un essai, rien de très important. Il s'installa au piano, David alla chercher son violon ; ils commencèrent à jouer à vue. Igor, assis dans un coin de la pièce, écoutait les commentaires du compositeur. À chaque passage d'une phrase à l'autre, celui-ci s'interrompait pour décrire les images, l'atmosphère qu'évoquait sa musique. Par exemple, à la fin du premier mouvement, où l'on entend ces accords de piano formés de noires régulières tandis que le violon monte et descend des gammes à une vitesse vertigineuse : c'était une marche dans un cimetière et les sonorités du violon étaient censées représenter le vent glacial qui soufflait entre les tombes. Avec sa technique incroyable, David Oïstrakh se jouait des difficultés de la partition, mais en évoquant ce souvenir, Igor en était encore tout émerveillé.

La *Deuxième sonate en* ré *majeur*, d'abord composée pour la flûte, a été réécrite à la demande de David Oïstrakh et avec son aide : le violoniste a proposé des variantes, Prokofiev a choisi et affiné celles qui le séduisaient. Il s'agit d'une œuvre légère, brillante, virtuose, tendre dans le mouvement lent, très imagée, avec dans le finale une sorte d'hymne naïf à la patrie qui fait penser aux films de propagande soviétique, avec les avions dans le ciel, les tracteurs sur les routes, les champs gorgés de maïs et de blé (alors que le peuple mourait de faim), tout le pays au travail, y compris les étudiants dans les conservatoires : un tel accorde son violon, tel autre s'exerce au piano !

Sergueï Prokofiev et Jascha Heifetz ne collaborèrent jamais directement, bien que ce dernier eût adapté pour le violon plusieurs pièces pour piano ou orchestre, notamment la célèbre marche tirée de l'opéra *L'Amour des trois oranges*. Ils se rencontrèrent une seule fois, à la veille de la révolution russe, lors d'une soirée où Maxime Gorki lut des textes entrecoupés par de la musique jouée au piano par Prokofiev et au violon par Heifetz.

Franck, Saint-Saëns, Fauré, Debussy, Ravel sont les compagnons des concertistes français à l'étranger. Si j'excepte le premier, dont la sonate est un chef-d'œuvre insurpassable, j'éprouve parfois comme une résistance face aux quatre autres. Résistance injuste, simplement leurs sonates sont mon quotidien depuis l'âge de douze ans : une petite lassitude a pu se former, qui n'étonnera pas mes confrères, mais sûrement les mélomanes de stricte obédience.

La sonate de Debussy, écrite juste avant la Première Guerre mondiale, porte en elle une sorte d'inquiétude prémonitoire. C'est une pièce courte, compacte, efficace, peut-être un peu superficielle quand domine le souci de faire briller les deux instruments. Contrairement à Beethoven ou à Brahms, le compositeur laisse peu de place, me semble-t-il, aux initiatives de l'interprète.

La musique de chambre de Ravel est parfois marquée du sceau de cette perfection glacée qui réduit, à tort, les limites de son talent à un savoir-faire brillant et extérieur, quand on ne l'accuse pas d'intellectualisme. Il est vrai que les mouvements de sa *Sonate pour violon et piano* ont apparemment peu à se dire. Le premier a quelque chose de virginal et d'angélique : on ose à peine toucher le violon, tellement la mélodie est pure et fragile. Alors que le puissant finale est un mouvement perpétuel aux effets foudroyants. Entre les deux, de façon assez inattendue, s'insère un blues qui évoque la visite d'un bar de La Nouvelle-Orléans, où une vieille prostituée essaie de chanter avec ce qui lui reste de voix tandis qu'un banjo brosse les accords – une image à la fois drôle et sombre du Sud américain. Tout Ravel est là : beaucoup de professionnalisme, le sens du cocasse et de l'évanescence dans les plus fines nuances.

On raconte qu'un jour, dans les années 1920, le jeune George Gershwin, de passage à Paris, alla voir Maurice Ravel, son aîné de vingt-trois ans, à Monfort-L'Amaury. Le compositeur américain éprouvait une admiration sans bornes pour celui que le monde musical considérait, depuis la mort de Debussy, comme le maître de la musique française. Ses premières œuvres avaient eu beaucoup de succès, mais il se présenta en néophyte, avide d'encouragements.

— Maître, pourriez-vous me donner quelques conseils ?

Ravel a fini par les lui donner, mais sur l'instant il lui fit cette réponse :

— Mais, monsieur Gershwin, vous serez bien plus connu que moi et aurez beaucoup plus de succès. Je n'ai rien à vous apprendre...

Il existe de très belles pièces pour piano et violon qui sont peu connues, peu jouées et enregistrées plus rarement encore. C'est le cas des sonates de Guillaume Lekeu, de Richard Strauss et de Georges Enesco. La méconnaissance de celles d'Albert Roussel est une injustice encore plus criante. Sa magnifique deuxième sonate possède un mouvement lent d'une grande richesse mélodique et architectonique. Et d'un point de vue rythmique, le finale est très en avance sur son temps.

Bien évidemment, le concertiste ne joue pas tous les compositeurs avec le même plaisir. Jeune interprète, j'eus du mal avec Dimitri Chostakovitch. Jascha Heifetz, qui guida mes choix d'adolescent, contribua peut-être à cette méconnaissance. Parmi les musiciens de premier plan qu'il n'aimait pas et ne jouait guère figuraient Chostakovitch et Bartók. Quand je lui demandai de travailler le deuxième concerto de Bartók, il parut étonné :

— Je me demande ce qui peut t'attirer chez lui. Si tu es fasciné par les Hongrois, j'ai bien mieux à te proposer. Connais-tu Miklós Rózsa ?

Ce compositeur de musiques de film, installé à Hollywood, était l'auteur d'un concerto pour violon que Jascha Heifetz avait enregistré – tout comme celui de l'Autrichien Erich Korngold, lui aussi absorbé, après avoir composé d'étonnants opéras, par Hollywood. Miklós Rózsa était un excellent compositeur, mais loin du génie de Bartók. Le style rhapsodique de ce dernier échappait à mon maître ; en outre, il ressentait peut-être un peu d'agacement devant la relation privilégiée que son grand rival en Amérique, Yehudi Menuhin, entretenait avec Bartók. Ainsi Menuhin avait-il créé à New York la *Sonate pour violon seul* écrite à sa demande.

Si je n'ai jamais joué cette sonate, c'est pour une autre raison, qui n'a rien à voir avec Bartók. L'idée de me trouver seul avec mon violon devant un public ne me fascine pas. Il ne s'agit pas d'un manque d'assurance, ni d'un excès d'humilité. Je n'incriminerai pas non plus le caractère austère de la plupart des œuvres pour violon seul : après tout, les partitas de Bach, les *Caprices* de Paganini, la sonate de Bartók sont très expressives. La raison en est plus complexe. Je suis attiré par la voix du violon, ce son à nul autre pareil qui émeut et déchire par sa vertu émotionnelle, cependant, au plus profond de moi, je ne suis satisfait que lorsque la polyphonie est présente, lorsque les sons entendus ne sont qu'une partie de l'espace sonore.

Quand je joue du violon, tout en enregistrant la puissance émotionnelle de la mélodie j'entends dans mon subconscient ces harmonies que le compositeur n'a peut-être pas eu l'occasion d'écrire, mais qu'il a perçues en composant. Lorsque je joue seul du violon, j'ai l'impression frustrante de ne pouvoir livrer au public qu'une partie de ce que j'entends, parce que l'instrument ne me permet pas de recréer physiquement ces sons que j'entends dans ma tête.

Henri Dutilleux, dont je fus le voisin quelques années sur l'île Saint-Louis, apaisa mes inquiétudes en m'expliquant un jour ce qui s'était passé pour Schoenberg, à propos de sa *Fantaisie.* Cette pièce assez courte, dix minutes à peine, avec des moments paroxystiques et d'autres très doux, a quelque chose d'unique. Schoenberg l'écrivit d'abord pour violon seul, mais après l'avoir entendue deux ou trois fois jouée par des interprètes différents, il trouva qu'elle était un peu sèche – tel est le mot qu'il utilisa. Il se mit donc à son piano et rédigea une partie de piano qui, loin d'être un simple accompagnement, se révéla une fabuleuse juxtaposition qui collabore parfaitement avec la partie de violon. Comment est-il possible que, d'une œuvre écrite à un moment donné, puisse naître, quelques mois ou années plus tard, une seconde œuvre à la fois différente et comparable ?

J'allai voir Henri Dutilleux, que ma perplexité amusa.

— Il n'y a là rien d'extraordinaire, m'expliqua-t-il. Un compositeur ne pose sur le papier qu'une petite partie de ce qu'il entend : vous avez sur une partition d'orchestre quinze portées, mais le musicien pourrait en écrire trente ou quarante. Qu'a fait Schoenberg ? Il s'est remis au travail, a laissé se dérouler dans sa tête l'œuvre pour violon seul et a écrit une voix de plus, qui existait déjà virtuellement. Il aurait aussi bien pu transformer sa *Fantaisie* en symphonie.

Son explication me parut logique et lumineuse.

Voilà donc à quoi je suis sujet. Quand je joue de mon instrument, aussi soucieux que je sois de veiller à ce que le timbre de mon violon ressorte avec éclat, j'entends des harmonies que je ne peux reproduire. Et c'est ainsi qu'en travaillant chez moi je me surprends à rêver, puis à jouer pour moi-même, des harmonies que le compositeur n'a pas mentionnées sur la partition. Cela me procure une sorte de bien-être mental, de sécurité intellectuelle. Par la suite, quand je joue en public – et que, naturellement, je ne joue que ce qui est sur la partition –, j'entends les notes imaginées par mes soins.

Jascha Heifetz était connu – c'était un sujet de plaisanterie entre ses étudiants – pour avoir tendance à ajouter des notes de son cru à certaines partitions. Lui aussi, comme Gershwin, alla voir Maurice Ravel, dans les années 1930, alors qu'il était un soliste mondialement adulé. Ces deux princes, l'un du violon, l'autre de l'écriture, se congratulèrent avec beaucoup d'élégance et de respect, puis Heifetz, qui devait interpréter le *Tzigane* au Théâtre des Champs-Élysées, se mit à jouer l'œuvre devant le compositeur. Parfois, me raconta-t-il, il s'interrompait pour commenter la partition : à tel endroit, il pensait qu'il faudrait enlever ce trille, à tel autre ajouter un petit arpège, tel passage composé en harmoniques sonnerait peut-être mieux en notes naturelles, l'accelerando placé ici aurait plus de relief si on le déplaçait de deux mesures.

Ravel écouta avec beaucoup d'intérêt et une grande patience, puis, quand le virtuose en arriva à la dernière note de la partition, il lui dit :

— Cher monsieur Heifetz, c'est un grand honneur pour moi d'entendre mon œuvre jouée par le plus éminent violoniste de notre époque, mais j'ai la très nette impression que vous n'aimez pas réellement mon *Tzigane*.

Les deux hommes se quittèrent très cérémonieusement, avec un sentiment d'échec épouvantable.

À Los Angeles, nous nous moquions des quelques libertés que Heifetz prenait parfois avec les œuvres. Après toutes ces années, je me rends compte que mon maître était aussi un étonnant visionnaire de la musique : il devait percevoir au travers des pages qu'il déchiffrait ce langage non écrit que les compositeurs entendent dans leur tête et que Henri Dutilleux me décrivit si bien.

17

La Carnazza

Fin 1989

Dieu sait qu'il se méfie depuis plusieurs mois, qu'il vérifie systématiquement s'il n'est pas suivi, mais une seconde de relâchement aura suffi, ce beau dimanche de juillet. Valentino Giordano a pourtant senti le danger, repéré l'individu qui l'a pris en filature, pressé puis ralenti le pas pour le mettre à l'épreuve, mais il a vu trop tard cet homme sur un banc qui lit le journal. Il est ceinturé et poussé dans la grosse BMW noire qui s'arrête. Assis à l'arrière, entre les deux malfrats qui l'ont intercepté piazza della Repubblica, les mains attachées dans le dos, Giordano n'est pas rassuré. Il n'a plus la moindre carte dans son jeu. L'argent de la drogue a fondu à vue d'œil, quant au strad, il l'a bradé pour une somme dérisoire à un receleur âgé, mais malin, qui lui démontrait que le violon était invendable. La tromperie n'a pas réussi au receleur : il est mort peu après.

La voiture s'engage sur l'autoroute en direction de Pianezzo, qu'elle contourne pour filer vers le nord. Peu avant San Giorgio, on doit grimper à gauche sur une petite route de montagne, étroite et déserte. Ses quatre ravisseurs n'ont pas échangé une parole. Seul le chef, un petit sec à lunettes assis à côté du conducteur, se retourne parfois vers lui avec un large sourire qui en dit long sur ses intentions.

Giordano n'aurait jamais dû monter dans cette Porsche, à Saluzzo. Encore moins l'abandonner sur un parking peu fréquenté pour y revenir le lendemain, après lecture des journaux, casser la vitre arrière et s'emparer du stradivarius qui s'y trouvait. Un coup de folie indigne de sa réputation. Il a tenu tête pendant des années à toutes les polices d'Europe, ce n'est pas pour rien qu'on l'appelle le Gitan. L'hôtel Campo di Marte, le bijoutier Scaffone et bien d'autres hold-up, en France, en Suisse, en Belgique, c'est lui.

C'est en s'essayant au commerce des stupéfiants qu'il s'était mis à la merci de la Carnazza, une branche turinoise de la Mafia. Il fallait traiter avec elle, mais il a préféré jouer seul et a refusé de verser aux parrains le pourcentage usuel. Première erreur. Seconde erreur, et fatale : avoir tenté d'approcher la N'dranghetta calabraise, une organisation rivale fortement implantée à Turin. Qu'espérait-il? Une protection, un contre-feu? Mais les Calabrais se méfiaient de ce garçon solitaire et n'allaient pas affronter les gens de la Carnazza pour un condamné à mort.

La BMW roule quelques centaines de mètres sur un chemin forestier, tourne encore et s'immobilise dans ce qui ressemble à une carrière abandonnée. L'endroit est désert. On extrait le Gitan du véhicule. Un coup violent derrière les genoux l'oblige à s'accroupir. L'un des hommes le frappe à la mâchoire de la crosse de son 7,65. Le voici à terre.

— À ta place, Valentino, je me mettrais à table, dit le chef. Dis-nous où est cet argent et nous rentrons à la maison.

Giordano, le nez en sang, blême de rage impuissante, se redresse.

— Même si cet argent existait, vous n'en verriez pas la couleur.

La crosse levée, l'autre est prêt à frapper encore. Le chef retient son bras, lui arrache le revolver.

— Quand on veut questionner un client du calibre de Giordano, la manière forte, c'est celle-ci.

Baissant le canon de son arme, il presse la détente. Touché au ventre, le Gitan s'effondre, se tord de douleur.

— Une balle dans l'estomac, rien de tel pour sensibiliser un homme. À chaque respiration, tu te déchires les boyaux. La souffrance est terrible, tu mets des heures à mourir.

Il se penche sur Giordano. Celui-ci trouve la force de lui fracasser les lunettes en lui jetant un éclat de roche en pleine figure. Les truands considèrent la scène avec amusement.

— Pourquoi me regardez-vous comme ça ? Vous savez ce qui vous reste à faire, non ? De toute manière, il n'a plus rien à dire.

L'un des malfrats s'empare du 7,65 et tire deux balles à bout portant dans la nuque du supplicié.

Telle est l'histoire épouvantable qu'écoute Jean-François Rémi à la réunion qui se tient dans les locaux du *Nucleo Operativo*. Y participe tout ce que les carabiniers comptent de responsables associés de près ou de loin à cette enquête. Parmi eux, le capitaine Fabrizio Polvani, également chargé du dossier Kochanski.

Marcello, le frère cadet de Giordano, n'appartient pas à ce milieu de truands. Il ne veut pas d'argent, mais tient à venger Valentino. Il accepte de collaborer avec les policiers pour faire condamner les meurtriers. Il retrouve l'un des malfrats qui ont enlevé son frère et parvient – je préfère ignorer de quelle façon – à lui faire révéler pourquoi et par qui son frère a été abattu. L'homme avoue que la Carnazza est derrière ce crime. L'organisation mafieuse a tué Valentino d'une part parce que celui-ci lui devait de l'argent, mais également parce que les membres de la bande et le Gitan n'avaient pas les mêmes projets concernant le stradivarius. La Carnazza comptait en tirer un maximum d'argent. En s'en débarrassant rapidement et à bas prix auprès d'un receleur, Giordano signait son arrêt de mort.

Les conversations enregistrées par les policiers italiens ont permis d'établir que la Carnazza cherche à monnayer le violon au prix fort. Compte-t-elle récupérer celui-ci auprès du receleur ?

L'hypothèse semble confirmée par les révélations de Marcello Giordano. Après avoir longtemps hésité quant à la marche à suivre pour tirer le plus grand profit de la vente du stradivarius, la Carnazza se serait décidée à traiter avec l'ancien propriétaire – moi-même, en l'occurrence. Le chiffre qu'elle avance – deux cent mille francs suisses – correspond curieusement aux dix pour cent de la valeur du violon déjà négociés avec Mancini et son informateur.

Ildebrando Mancini serait-il l'homme-clef de ce vol à rebondissement ?

Rémi évoque son collègue italien, ainsi que l'argent réclamé par le fameux monsieur X pour nous communiquer le nom du détenteur de l'instrument. Les carabiniers et le capitaine Polvani n'y vont pas par quatre chemins : le personnage leur est connu ; décision est prise de le placer lui aussi sur écoute. Quand tout sera en place, Rémi appellera son collègue pour le prévenir que ses clients sont prêts à verser l'avance demandée par l'indicateur, soit cinquante mille francs suisses. À l'autre bout du fil, les inspecteurs chargés de l'écoute relèveront le numéro de téléphone du correspondant de Mancini et établiront ainsi l'identité de ce mystérieux informateur derrière lequel notre ami Ildebrando a un peu trop tendance, à mon goût, à se dissimuler.

Dès son retour en Suisse, Rémi enverra aux policiers les deux photos Polaroid à fin d'analyse : le laboratoire scientifique du *Nucleo Operativo* déterminera la date à laquelle elles ont été prises et s'il ne s'agit pas de clichés maquillés.

Le jeu se complique sérieusement. Comment Mancini va-t-il réagir ? S'il devine que son confrère suisse est en train de l'écarter de l'enquête, nous risquons de ne plus jamais entendre parler de cet informateur qui prétend pouvoir nous conduire au stradivarius.

Rémi partage mes craintes. Notre décision est prise : Jean-François appelle son confrère turinois et lui affirme que ses clients sont prêts à lui verser, en billets de banque comme convenu, la compensation financière demandée.

Soucieux de se couvrir, Rémi envoie également au capitaine Fabrizio Polvani la fort respectueuse lettre que voici :

Cher Monsieur,
Suite à notre entretien avec l'inspecteur Quattropani, de la police de Sûreté vaudoise, je me permets de vous faire parvenir, par ce courrier, les deux photos Polaroid concernant le violon de M. Pierre Amoyal.
Après m'être entretenu avec mon client, M. Amoyal, je tiens à vous informer qu'il a décidé de payer le montant exigé pour obtenir le nom de la personne qui cherche à vendre ce violon.
Je contacterai M. Mancini, détective à Turin, dès le moment où j'apprendrai qu'il est sur écoute téléphonique.
En cas de transaction ou dès que j'aurai pu apprendre quoi que ce soit, je me permettrai de vous contacter.
Tout en restant à votre entière disposition, je vous prie de croire, cher Monsieur, à l'expression de mes sentiments distingués.

Jean-François Rémi

Puis les choses se gâtent. Le capitaine Polvani a-t-il également, avec l'aide technique de la Sûreté vaudoise, mis Rémi sur écoute ? Il semble en tout cas avoir parfaitement compris le possible double jeu du détective. Il lui a posé différentes questions sur moi, cherchant par exemple à savoir quel est ce juge – il s'agit de Damiano – que j'ai rencontré à Turin. A-t-il en tête d'évaluer si je dispose de relations influentes parmi les autorités ? C'est probable.

Ayant deux concerts à Nice, je suis descendu avec Leslie à l'hôtel Négresco. Rémi lui ayant transmis mes coordonnées, Polvani n'hésite pas à me téléphoner à l'hôtel en me priant, très sèchement de le retrouver à San Remo. Il s'agit d'une convocation. Ni plus ni moins. Comme si j'étais soupçonné de cambriolage. À quelques heures du concert, je ne suis pas d'humeur à écouter un policier qui s'adresse à moi sur ce ton. Je le lui fais savoir.

Ma femme, plus conciliante, pense qu'il est préférable d'arrondir les angles. Elle se rend donc au rendez-vous. Dans les bureaux de la police à San Remo, elle rencontre un beau carabinier au physique de séducteur, blond, musclé et dynamique. Ce policier tatillon a contraint Leslie à des heures de voyage pour une simple formalité administrative : il veut lui faire signer un papier certifiant que les photos sont bien celles du Kochanski !

Cependant, la rencontre entre ma femme et le carabinier n'est finalement pas inutile. Au cours de la discussion, Leslie apprend que la police a tendu un piège à Rémi : elle lui a affirmé que Mancini n'est pas sur écoute, alors qu'en réalité il l'est déjà. Les carabiniers ont donc surpris la conversation entre les deux détectives au cours de laquelle Rémi confirme que je suis prêt à verser l'argent. Pourquoi s'en alarment-ils puisqu'il le leur a annoncé par écrit ? Difficile de comprendre les intentions réelles de la police : elle autorise le détective suisse à prendre contact avec Mancini, pour ensuite le lui reprocher.

À son tour Rémi, visiblement inquiet, m'appelle à l'hôtel. Pris entre des sollicitations contraires, notre valeureux privé, déboussolé, ne sait plus où donner de la tête. Nous lui rappelons nos priorités : qu'il porte à Mancini l'argent demandé et fasse tout pour empêcher la police de rompre le lien avec ceux qui détiennent le violon. Désormais, ma stratégie est simple : étant donné la méfiance grandissante de Mancini, je m'oppose formellement à une intervention de Polvani et de ses hommes. À Rémi de le leur faire savoir... Ce qui n'a pas amélioré mes relations avec les policiers italiens, on ne s'en étonnera pas.

La Sûreté vaudoise et l'inspecteur Quattropani se solidarisent avec leurs collègues de Turin. Lorsque Jean-François Rémi les appelle pour les informer des derniers développements de cette affaire, il n'est plus le bienvenu. Margot le reçoit froidement et lui signifie qu'il ne peut plus rien pour lui. Par ailleurs, Polvani se plaint auprès du commissaire vaudois de mon attitude au téléphone – ces artistes !

Comment contourner la surveillance de Mancini par les carabiniers ? Rémi pense avoir trouvé la solution. Il appelle

Ildebrando pour l'avertir qu'il viendra à Turin le mercredi 6 décembre avec les cinquante mille francs suisses. Mais le sachant sur écoute et craignant d'être accueilli par une douzaine de carabiniers, il lui fait savoir par un autre canal qu'en réalité il viendra la veille, le mardi 5. Pressé d'envoyer à monsieur X et à celui qui détient le stradivarius un signe concret de bonne volonté, nous donnons notre accord à ce plan quelque peu rocambolesque.

Mancini préférant les lires, Leslie se rend à Genève où elle achète quarante millions de lires en grosses et moyennes coupures. Avec l'aide de Jean-François Rémi, comme dans les polars des années 1950, elle note consciencieusement les numéros des billets.

Le lendemain, Rémi se rend à Turin. Avec une mallette... vide. L'argent, il l'a sur lui – on n'est jamais trop prudent ! Il rencontre Ildebrando dans un café. L'échange se fait à l'abri des regards.

Quarante-huit heures s'écoulent, et voilà que Mancini s'affole ! Pense-t-il que la police a eu vent de la manœuvre ? Craint-il une perquisition des hommes de Polvani ? Si les carabiniers découvrent une telle somme chez lui, ils l'accuseront à coup sûr de complicité de recel, voire d'association de malfaiteurs. Il préfère ne pas donner l'argent à monsieur X et demande à Rémi de revenir le chercher. Je n'en crois pas mes oreilles. S'agit-il d'une farce de mauvais goût ? Non, Jean-François Rémi ne discute pas. La mallette vide et le détective suisse lesté des billets de banque refont le voyage depuis Turin.

Bref, en cette fin d'année 1989, nous avons perdu sur toute la ligne. Le pessimisme l'emporte : reverrai-je jamais mon stradivarius ? Je suis à court d'idées et d'espoir.

Jean-François Rémi lui-même est désorienté, ce qui se lit dans la conclusion de la synthèse aux accents cornéliens qu'il rédige fin décembre :

> *Toute cette affaire devient très compliquée et nous ne savons plus comment faire pour satisfaire tout le monde.*

D'un côté, M. et Mme Amoyal veulent récupérer leur violon discrètement pour éviter des complications, et de l'autre la police de Turin, pour une raison inconnue, cherche elle aussi à retrouver ce violon, sans doute pour la publicité qu'il y a eue concernant cette affaire. Nous comprenons mal leur comportement et surtout pourquoi ils n'ont pas dit quelles étaient leurs intentions au départ. Faut-il agir selon le désir de M. et Mme Amoyal et risquer ainsi d'avoir des problèmes avec la police de Turin ou accepter de collaborer avec eux au risque de perdre le violon ?

Si je n'étais aussi découragé, cela pourrait me paraître comique.

18

Mes compositeurs

(concertos)

La forme du concerto pour violon a trouvé en Beethoven et en Brahms, au sommet de la pyramide, ses maîtres incontestés. Le premier propose à l'heureux élu une partition admirable dans sa construction, son développement de motifs merveilleux, particulièrement dans le deuxième mouvement où le second thème semble descendre tout droit du paradis et confère au soliste un rôle d'ange médiateur. Le concerto de Brahms offre au virtuose un dialogue de titans entre une puissante partition symphonique et un extraordinaire défi violonistique, dialogue parfois même conflictuel qui exige du chevalier du violon une présence héroïque et transcendante qui n'est pas sans rappeler le fameux Don Quichotte. Métaphore excessive ? Sûrement pas, si l'on se souvient de ce qu'écrivait Schumann en 1853 – son protégé n'a que vingt ans – à propos de la naissance du jeune Brahms : « Minerve sortant armée du crâne de Jupiter », jugement qu'il confirmera dans son journal par cette sentence définitive : « Johannes Brahms. Un génie. »

À ces deux B, ajoutons un troisième qui, cette fois, n'annonce pas le premier de la liste, Bach, mais Bruch. Le *Concerto pour violon n° 1* de Max Bruch est l'un de mes préférés et il faut rendre justice à ce compositeur, qui a quelque peu souffert de l'ombre écrasante de Brahms : son concerto *précède* de plus de dix ans celui de Brahms, créé en 1878 par son dédicataire, Joseph Joachim, avec l'orchestre du Gewandhaus de

Leipzig. Chacun des deux compositeurs eut son virtuose attitré, Brahms en la personne de Joachim, Bruch avec le non moins illustre Pablo de Sarasate, qui créa sa *Fantaisie écossaise* en 1880.

Le célèbre violoniste américain Ruggiero Ricci, dont le récital à l'âge de dix ans enthousiasma les mélomanes de San Francisco en 1928, aime raconter cette anecdote : Bruch rend visite à Brahms, son concerto pour piano sous le bras. Il le joue et attend le jugement de son confrère. Brahms s'approche de la partition, en éprouve du bout de l'index le grain et la texture, et finit par le complimenter pour la qualité de son papier.

Lorsque nous étions voisins, Henri Dutilleux, toujours perfectionniste et méticuleux, travaillait depuis plusieurs années à son concerto pour violon, *L'Arbre des songes*, dédié à Isaac Stern, qui le créa à Paris en 1985. Isaac Stern habitant New York, l'auteur et l'interprète ne pouvaient se rencontrer facilement. L'aboutissement de l'œuvre était laborieux, Henri Dutilleux en retard sur cette commande. Nous étions liés par sa femme, la merveilleuse pianiste Geneviève Joy, qui avait été ma collègue au Conservatoire.

Un jour, Henri Dutilleux me téléphona, un peu ennuyé de me demander un service alors que je n'étais pas le dédicataire de l'œuvre. Je comprenais fort bien qu'il eût choisi, pour créer son concerto, le plus grand virtuose de sa génération encore vivant – Jascha Heifetz et David Oïstrakh n'étant plus de ce monde. Mais il m'aborda avec diplomatie pour me dire qu'il aimerait me montrer la partition et m'expliquer pourquoi il était en difficulté.

Je découvris une œuvre pleine de force et d'originalité, les contrastes de timbres et de couleurs, qui sont sa marque, exprimés dans un langage savant et raffiné, mais accessible à tous. Il m'expliqua que le problème venait de la chute : il ne savait pas comment terminer son concerto. J'étudiai attentivement les dernières mesures, une sorte d'élévation sublime du violon dans l'hyperaigu, incroyablement lyrique, suivie par une marche assez rythmique. Henri Dutilleux pensait que la fin n'était pas digne du reste.

Je lui dis :

— Ce concerto est magnifique, ne changez rien. Une telle œuvre ne peut avoir que du succès, je serais ravi de la jouer comme elle est écrite.

Mon intervention se limita à ces quelques mots. Je n'avais eu qu'à tourner la clef d'un petit quart de tour pour que le compositeur soit tranquillisé. Henri Dutilleux téléphona immédiatement à Isaac Stern pour lui annoncer la bonne nouvelle : le concerto était prêt.

Henri Dutilleux, j'en ai l'intime conviction, sera considéré dans cinquante ans comme le plus important des compositeurs français de la seconde moitié du XXe siècle. Son tempérament ne l'a pas porté au-devant des médias, l'homme est secret et se protège. Il est vrai qu'Olivier Messiaen ne l'a guère soutenu et que Pierre Boulez, dans son emploi de grand chef d'orchestre et de compositeur, lui a fait de l'ombre.

J'ai toujours regretté que ni Olivier Messiaen ni Pierre Boulez n'eussent écrit de concerto pour violon. Bien sûr, la forme concertante pouvait sembler passéiste aux yeux du second, mais Messiaen sut tirer de cet instrument des accords infiniment subtils, comme dans son magnifique *Quatuor pour la fin des temps.* Avec son langage attirant, ses harmonies très personnelles qu'il recréa tout au long de sa vie et que l'on reconnaît après quinze secondes, Olivier Messiaen eut très tôt du succès. Au risque de choquer, je dirais qu'il fut un peu le Vivaldi de notre époque. Le renouvellement n'est pas sa vertu majeure. Son inspiration est portée par les mêmes fondations, ses principes et procédés d'écriture paraissent parfois un peu figés au musicien professionnel que je suis, mais je sais que certains mélomanes fondent à l'écouter.

Il est l'auteur d'une pièce pour violon et piano, une œuvre de jeunesse très inspirée, intitulée *Thèmes et Variations.* Chaque fois que je l'ai rencontré, je lui ai répété à quel point je déplorais l'absence d'un concerto pour violon dans son catalogue.

Une anecdote amusante montre, une fois de plus, que les plus grands créateurs ont aussi leurs petits travers narcissiques ou mercantiles. Un jour, Olivier Messiaen et moi recevions un prix à la mairie de Paris, lui comme compositeur, moi comme interprète. Jacques Chirac officiait. J'étais encore tout gamin. Assis à côté du grand maître, je cherchais des mots agréables à lui dire. Je lui confiai que je jouais assez souvent son *Thèmes et Variations*, ce qui était la vérité. Je rentrais en effet d'une tournée en Afrique du Sud, où j'avais joué cette pièce une dizaine de fois. Il m'observa avec beaucoup d'intérêt. Nous reçûmes nos médailles respectives et un peu plus tard, entre deux coupes de champagne, Messiaen vint me trouver, sortit un calepin de sa poche, un crayon finement taillé par sa femme, puis me glissa à l'oreille :

— Voulez-vous bien me donner les dates et les lieux où vous avez joué mon œuvre ? Vous savez comme moi que les erreurs sont fréquentes dans le calcul des droits d'auteur.

J'ai pensé : voici un artiste qui a les pieds sur terre, que la musique n'a pas encore totalement envoyé au paradis.

Il existe un domaine du répertoire que j'ai beaucoup approfondi, à la fois par goût et par nécessité, parce que la carrière l'exigeait : on me demandait, comme à tous les solistes français, de défendre le répertoire hexagonal. La *Symphonie espagnole* d'Édouard Lalo – qui est également un concerto, malgré son titre – fut pendant des années mon cheval de bataille : premier disque, premier succès. Sa popularité reste immense auprès du public, même si avec le temps j'en trouve parfois le lyrisme frelaté et l'orchestration un peu pompeuse.

Avec *Tzigane* de Maurice Ravel, j'ai très souvent donné le *Poème* d'Ernest Chausson, le plus doué des disciples de César Franck avec Guillaume Lekeu, décédé prématurément. On est loin de la perfection en ce qui concerne l'écriture violonistique, mais qu'importe : ce sont dix-sept minutes de bonheur mélodique absolu, une suavité dans l'expression, un romantisme sans mièvrerie qui émeuvent les mélomanes de toutes les cultures.

Autre cheval de bataille, le troisième concerto de Saint-Saëns. Je l'ai joué au moins une fois par mois, pendant près de vingt ans, et toujours avec le même plaisir. C'est une musique très stimulante pour l'instrumentiste, très exigeante du point de vue technique, avec une remise en question des aspects purement tactiles de la pratique du violon – par ces enchaînements au centième de seconde, au dixième de millimètre, le virtuose ressemble ici un peu au chirurgien. L'interprète doit avoir au bout des doigts des facultés qui nécessitent des heures et des heures d'entraînement. Quand je joue ce concerto, je suis sans cesse sur le fil du rasoir. Je n'en sors pas bouleversé à chaque exécution, mais je le trouve très motivant. En outre, du point de vue sonore, l'œuvre exige des recherches spécifiques de couleur, de rythme. Comme le fond de la musique n'a pas la richesse mélodique des pièces de Schumann ou de Brahms, l'instrumentiste est obligé, pour soutenir l'intérêt de l'auditeur, de beaucoup varier les effets et les couleurs sonores.

Mozart, je l'écoute plus que je ne le joue. Il a donné tant de plaisir aux pianistes, clavecinistes, flûtistes et clarinettistes, mais n'a pas été si généreux avec les violonistes. Si l'on excepte sa musique de chambre et la sublime *Symphonie concertante pour violon et alto*, ses concertos pour violon sont des œuvres de jeunesse pleines de spontanéité mais incomparablement moins importantes que les concertos pour piano de la maturité. Mes pensées s'éloignent du violon quand je joue ses concertos, je vois de petits opéras, je mets en scène des personnages... Oubliant presque le violon, je deviens l'ordonnateur rêveur d'une scénographie enfantine, qui n'est pas sans grâce, mais ne donne qu'une image incomplète du génie extraordinaire que fut le compositeur.

Quand un organisateur de concerts me demande de jouer un concerto de Mozart, je m'exécute avec joie, tout en pensant : quel dommage qu'aucun prince ne lui ait commandé, à l'époque où il a composé les grandes symphonies et les grands opéras, un concerto pour violon ! Et c'est ce concerto qui n'existe pas que je cherche dans mon subconscient.

Le siècle suivant vit naître, de la main de Félix Mendelssohn, le concerto pour violon le plus joué du répertoire, sans doute à juste raison. Un joyau absolu. De la première à la dernière note, il n'en est pas une qui ne soit sublime. Félix Mendelssohn avait, comme Mozart, ce génie de l'invention mélodique, presque trop parfait pour être humain.

On n'a pas encore mesuré à quel point Mendelssohn fut un catalyseur de la musique de son époque. Il représente assez bien, dans la première moitié du XIXe siècle, ce que Pierre Boulez est peut-être pour la seconde moitié du XXe : celui qui réunit, pour les transcender, toutes les énergies de son temps. Robert Schumann, Johannes Brahms, mais aussi un Niels Gade et même Hector Berlioz lui doivent beaucoup. Nous avons une représentation un peu faussée du compositeur : un homme habile, d'un savoir-faire extraordinaire, discret, distant, maître de ses émotions. Cette image trop lisse d'un artiste léger, impalpable, d'une élégance un peu extérieure est injuste. Il est même tout le contraire. Ma passion pour lui me rendrait presque partial envers les autres.

Très jeune, il n'avait pas treize ans, il joua du piano devant Goethe, à Weimar. Lequel, admiratif, lui dit :

— Jeune homme, vous êtes déjà un grand virtuose.

Mendelssohn le regarda, pas totalement satisfait.

— Puis-je vous revoir la semaine prochaine ?

En une semaine, le garçon composa un double concerto pour violon et piano où les deux instruments s'entremêlent avec une virtuosité diabolique. Accompagné de son professeur, il se présenta chez le poète.

— Maintenant, vous pouvez peut-être penser que je suis un virtuose.

Goethe en fut tellement impressionné qu'il en parla à tous ses amis ; la renommée du jeune prodige s'étendit rapidement.

Cette œuvre de jeunesse apporta la réponse à une question que je me posais depuis longtemps. J'ai toujours essayé de déceler dans la musique de Félix Mendelssohn ses racines juives, sans jamais y parvenir. Jusqu'au jour où je jouai à mon tour ce double concerto. Enfin, dans le deuxième mouvement, j'entendis que Mendelssohn était juif. Quel détail me convainquit, et du même coup me rassura ? Un presque rien : la cambrure d'une phrase, une inflexion mélodique, un intervalle particulier... J'ai pensé : seul un juif peut écrire cela, et de cette façon. J'étais rassuré.

L'autre concerto très populaire, avec ceux de Camille Saint-Saëns, fut écrit à la fin du siècle, en 1881, par Piotr Ilitch Tchaïkovski. Le lecteur s'en souvient peut-être, ce concerto a changé ma vie quand, âgé de sept ans seulement, je l'entendis pour la première fois sur disque : en m'ouvrant les portes du royaume de la musique, il a déterminé ma vocation.

On qualifie volontiers la musique de Tchaïkovski de facile et de sentimentale – opinion que je ne partage pas. La critique semble ignorer la nature même de l'effusion musicale, tant s'imposent les dons de ce compositeur pour la mélodie. Le maître de Jascha Heifetz, Leopold Auer, refusa la partition qui lui était pourtant dédiée, tout comme Nikolaï Rubinstein, le frère d'Anton, avait d'abord rejeté le concerto pour piano, l'estimant injouable, avant de l'interpréter dans le monde entier.

Au XXe siècle, le concerto le plus joué fut celui de Jean Sibelius, l'homme qui aurait pu inventer la carte postale sonore. On ne peut guère, sauf à s'exprimer par la peinture, aller plus loin dans l'évocation et l'exaltation de la nature nordique. Si les agences de voyages n'existaient pas, on pourrait conseiller : inutile d'aller en Finlande, il vous suffit d'écouter la musique de Jean Sibelius, son pays est là.

Ce concerto est une merveille de part en part, et je le joue toujours avec plaisir. Qu'il fasse autant d'ombre, dans les programmes des concerts, aux concertos de Béla Bartók, de Dmitri Chostakovitch, de Karol Szymanowski est peut-être regrettable, mais en musique comme ailleurs la justice distributive n'est pas une science exacte.

Mon concerto préféré est celui d'Alban Berg. Le message par excellence, la merveille des merveilles. Il porte comme sous-titre : *Am Andenken eines Engels*, « À la mémoire d'un ange ». Alban Berg le composa sous le choc d'une intense émotion : la fille de ses amis Alma Mahler et Walter Gropius était morte à dix-huit ans de la tuberculose. Ce concerto est une tentative de dialoguer avec la morte. De l'écouter parler une dernière fois. Certaines œuvres créent dans l'espace où elles se déploient une sorte de contrée intermédiaire où les rêveries des humains se mêlent à celles des anges. Et, au-delà du titre, on peut être convaincu que Berg écrivit là son propre requiem. Même si je n'étais pas violoniste, je n'en considérerais pas moins cette partition comme une des œuvres majeures de l'histoire de la musique. Nous sommes loin d'en avoir découvert tous les mystères. Vienne, à l'époque où le concerto fut composé, était en proie à la mystique des chiffres ; mais déjà les compositeurs baroques croyaient à la symbolique des nombres, Bach lui-même pensait que le nombre 14 – où s'additionnent selon leurs positions successives dans l'alphabet les lettres de son nom : 2+1+3+8 = 14 – aurait une incidence sur sa vie. Quoi qu'il en soit, chaque fois que je joue le concerto de Berg, je découvre de nouveaux secrets dans cette partition mystérieuse.

Cette promenade dans mon répertoire serait incomplète sans la mention du concerto pour violon d'Arnold Schoenberg, œuvre sur laquelle pèse, aujourd'hui plus que jamais, une sorte de malédiction. La partition, d'une extrême difficulté, est écrite de part en part dans le langage sériel d'un compositeur à l'époque voué à l'exploitation systématique des ressources de l'atonalité. Il est très rarement interprété, les organisateurs de concerts le refusent, y compris dans de grandes villes musicales comme Berlin, Paris et Vienne.

Je l'ai joué et enregistré avec Pierre Boulez. Le disque était à peine en vente que déjà son destin d'œuvre maudite le rattrapait et qu'il fallait le retirer des rayons des disquaires : Pierre Boulez était encore sous contrat exclusif avec une autre maison de disques ! Alors commença une longue bataille juridique entre les diffuseurs qui se disputaient le célèbre chef français.

À propos de ce concerto et de son disque, j'eus deux révélations. D'abord à Lausanne, où Maurice Béjart a installé sa compagnie et son école de danse. J'assitais à un spectacle de ballet. La scène représentait un mariage juif et, selon la coutume, le marié cassait un verre, tradition qui rappelle la destruction du temple de Jérusalem. Je reconnus soudain une musique qui m'était familière. Je ne sais par quelle vision géniale de son imagination Béjart avait transformé la marche finale du concerto pour violon de Schoenberg en marche nuptiale, joyeuse et entraînante. Pour la bande-son, il utilisait le CD gravé par Pierre Boulez à la tête de l'Orchestre de Paris, et c'était mon violon que j'entendais. Comme personne ne m'avait prévenu, j'eus un moment de curieuse incertitude en percevant le son pourtant si reconnaissable du Kochanski.

J'eus la seconde révélation à Los Angeles, de la bouche de Jascha Heifetz, lors d'une de mes dernières visites au maître. Nous conversions comme aux meilleures heures de mon apprentissage, vingt ans plus tôt. Il venait de recevoir le disque.

— Pierre, j'ai des choses à te raconter à propos de ce concerto. Je n'en ai jamais parlé à personne, mais puisque tu as enregistré ce disque, je vais te dire ce qui s'est passé.

Arnold Schoenberg habitait lui aussi Los Angeles, il avait enseigné quelques années à l'université, avant d'être atteint par la limite d'âge – il devait finir très pauvre, avec trente-neuf dollars de retraite mensuelle. Un jour, vers la fin des années 1930, le compositeur téléphona au virtuose :

— Monsieur Heifetz, je sais que ma démarche est peut-être inutile, mais puisque nous habitons la même ville, avant de le donner à quelqu'un d'autre...

— Monsieur Schoenberg, de quoi s'agit-il ?

— J'ai écrit un concerto pour violon, ce n'est pas du tout votre style, rien à voir avec la musique que vous jouez habituellement, vous allez probablement la trouver étrangère à votre langage, mais vous serait-il possible de jeter un coup d'œil sur cette partition ?

La réponse de Jascha Heifetz ne fut pas du tout celle que Schoenberg attendait. Il lui dit :

— Vous vous méprenez ! Je suis ravi de savoir que vous avez écrit ce concerto, je l'attends avec impatience et le lirai avec le plus grand intérêt.

Il se fit porter la partition, qu'il déchiffra en quelques jours de travail acharné – là où j'avais mis des semaines ! Subjugué par cette musique, par les découvertes extraordinaires de violoniste qu'elle lui procura, il appela le compositeur :

— Votre concerto est une splendeur, je vais le jouer.

Bien sûr, Arnold Schoenberg fut aux anges, il ne pouvait rêver mieux pour créer son œuvre que l'engagement de Jascha Heifetz, dont la célébrité aux États-Unis égalait celle des acteurs les plus connus de l'époque. Il ne restait plus qu'un détail : trouver quelqu'un qui puisse réduire pour le piano la partie orchestrale de façon à permettre au violoniste de répéter le concerto.

— Ce ne sera pas simple, expliqua le compositeur, mon écriture est un peu spéciale, il n'y a pas beaucoup de pianistes capables d'opérer une telle réduction. Si, j'en vois une, elle a l'œil et les doigts pour cela, mais elle habite New York.

— Pas de problème, lui dit Heifetz. Je dois justement y aller le mois prochain pour un récital, je lui rendrai visite.

Le violoniste se rendit donc chez cette personne. Elle posa la partition d'orchestre sur le piano, ouvrit de grands yeux et, après une dizaine de mesures, s'arrêta et regarda Heifetz d'un air catastrophé.

— Je suis désolée, il n'a jamais rien écrit d'aussi compliqué, beaucoup trop difficile, je n'y arriverai pas.

De retour en Californie, le célèbre virtuose rappela Arnold Schoenberg. Pas de chance, le maître n'était pas d'humeur à bavarder – le compositeur comme le violoniste étaient assez susceptibles. Jascha Heifetz dit sur un ton moqueur :

— Votre pianiste de New York renonce. Trop difficile.

Le compositeur prit très mal cette réflexion.

— Mon cher, maintenant que vous avez décidé de le jouer, c'est votre concerto. Vous connaissez mieux que moi le monde des musiciens professionnels, trouvez donc votre pianiste.

— Si c'est ainsi que vous prenez les choses...

Et Heifetz de raccrocher. Il renvoya la partition, les deux hommes ne se parlèrent plus jamais. Ainsi Jascha Heifetz n'aura pas joué ce concerto. Le violoniste Louis Krasner en donna la première audition à Philadelphie, le 6 décembre 1940, sous la direction de Leopold Stokowski. Ce dernier avait déjà commandé à Alban Berg son concerto pour violon et l'avait créé à Barcelone en 1936.

J'ai le sentiment que Heifetz aurait pu désenvoûter ce concerto, dénouer les liens qui unissent cette œuvre au diable. Le public est captivé par la virtuosité inouïe exigée du soliste, cette partition contient des éléments qui auraient stupéfié Niccolo Paganini lui-même.

Une des rares fois que je jouai le concerto de Schoenberg, ce fut à Montréal, avec Charles Dutoit. Ce dernier avait tenu à me mettre en garde :

— Pierre, tu n'ignores pas que je suis un inconditionnel de Schoenberg, je sais que tu aimes jouer cette œuvre, tu as fait tous les efforts pour la maîtriser, ce qui mérite une certaine reconnaissance, mais je dois te prévenir : tu auras en face de toi le public le plus conservateur d'Amérique du Nord, ils sont totalement fermés à la musique du XXe siècle. Je ne peux pas leur donner du Tchaïkovski tous les soirs, c'est mon devoir de les exposer à des musiques comme celle-là, nous allons probablement nous faire huer.

À la dernière note, il se passa un événement assez rare : les mélomanes conservateurs de Montréal se levèrent comme un seul homme et, à la place des huées redoutées, nous eûmes une *standing ovation*. Dutoit, stupéfait, me regardait, l'air de ne pas comprendre. J'avais mon idée : certes, la substance de l'œuvre échappait aux spectateurs, mais ils avaient vu un violoniste jongler comme un beau diable avec son instrument, faire des étincelles, un vrai festival pyrotechnique. Pour rendre populaire ce concerto, on devrait insister sur la performance de l'interprète. Finalement, je le crois même plus facile à recevoir par un large public que celui d'Alban Berg, très raffiné dans l'expression du sentiment, avec une poésie et une profondeur qui ne sont pas perceptibles au premier abord, alors qu'avec Arnold Schoenberg, on est transporté par la performance.

Le vol de mon stradivarius aura au moins permis d'enrichir la littérature violonistique d'un nouveau concerto : le compositeur René Koering lui a dédié un magnifique concerto pour violon, *Alegria Kochanski*, créé en 1992 à Lyon avec l'Orchestre national de Lyon sous la direction de Lawrence Foster. Libre de toute appartenance à un courant particulier de la musique contemporaine – il les a traversés tous –, Koering écrit dans un langage très actuel une musique puissante, intelligente et pleine d'émotion, qui n'est pas sans rappeler les plus beaux moments du *Concerto à la mémoire d'un ange* de Berg. Je suis heureux de voir le grand intérêt suscité par cette œuvre auprès des chefs d'orchestre ainsi que l'accueil très élogieux de la critique.

19

For your eyes only

Mars-avril 1990

Rémi ne voit pas d'issue, Mancini et son monsieur X campent sur leurs positions. Je préfère ne pas imaginer, après les épisodes tragiques de l'automne, ce qui se trame dans la coulisse autour de la possession du Kochanski. Plutôt que de ruminer des pensées noires et de me ruiner dans des tractations louches et vouées à l'échec, je me lance dans l'achat d'un autre stradivarius, le Milanollo de Christian Ferras.

Début 1990 apparaît un personnage essentiel pour le déroulement de l'enquête. L'homme de la situation, selon une amie de Leslie : un célèbre avocat romain, de stature internationale, Gennaro Egidio.

Maître Egidio a joué un rôle déterminant dans nombre d'affaires criminelles qui défrayèrent la chronique italienne des années 1980 : l'enlèvement, en juin 1983, d'Emanuela Orlandi, la fille d'un huissier pontifical du Vatican, dans le but d'obtenir la libération d'Ali Agça, le Turc qui a tenté d'assassiner le pape ; le cambriolage du siècle : le vol de trente-cinq milliards de lires, en mars 1984, dans la chambre forte du siège romain de Brink's Securmark ; le vol, en mars 1985, par deux pirates modernes sous les ordres d'un commanditaire hambourgeois, du *Partesella*, un puissant patrouilleur, dans le port de La Spezia. Longuement commentées dans la presse et racontées dans des livres, les interventions de maître Egidio lui valent dans la péninsule une renommée comparable à celle d'un Jacques Vergès ou d'un Georges Kiejman en France.

Ma femme appelle son étude à Rome. Finalement elle peut parler à l'avocat, lui explique l'affaire. Bien que très occupé, Egidio accepte le principe d'une rencontre.

Fin mars, je donne deux concerts à Venise. Leslie m'accompagne, c'est notre premier séjour ensemble dans la Sérénissime et, entre les répétitions, nous nous promenons en amoureux dans cette ville où l'eau et la musique entretiennent des rapports si singuliers. Dès notre arrivée, nous appelons maître Egidio de notre hôtel, un charmant palais patricien du XVe siècle récemment restauré, à deux pas de la Fenice.

Qu'il parle couramment l'anglais facilite les choses. Dans la Résistance, tout jeune homme, il a eu des contacts avec les Américains. Sa première femme était américaine, et le fait de travailler avec de grands groupes internationaux comme la Lloyd's ou la Brink's lui a conféré une grande aisance dans la langue des affaires.

Egidio nous donne son accord : il s'occupera de ce dossier et viendra à Venise après-demain, directement à notre hôtel, pour en discuter avec nous. Il serait judicieux, estime-t-il, que soit présent à notre entretien l'enquêteur privé que nous avons engagé.

Nous demandons aussitôt à Jean-François Rémi de prendre un avion pour Venise et lui annonçons – ce n'est pas simple – que l'enquête sera dorénavant conduite par l'avocat romain Gennaro Egidio et qu'il devra travailler en étroite collaboration avec lui. La perspective de renoncer à son indépendance n'enchante guère le détective. A-t-il le choix ?

Avant d'accueillir l'avocat, tôt le matin, et pendant que je travaille le programme du concert, Leslie prépare l'entrevue avec Rémi. Ce dernier a eu la bonne idée d'apporter le dossier avec ses notes. Un peu plus tard, nous descendons tous les trois dans l'un des salons du rez-de-chaussée, orné d'une fresque attribuée à un élève de Piero della Francesca et d'une cheminée de marbre rose et vert. Des bouquets de fleurs fraîches sont disposés un peu partout.

Nous y attend un homme de taille moyenne, d'une soixantaine d'années, coiffé avec soin, parfumé, très élégant dans un costume d'alpaga bleu nuit, prodigue en bijoux, chaînette, gourmette et épingle de cravate en or, chevalière ornée d'un diamant.

Un personnage imposant l'accompagne. Grand, massif, chauve, visage sévère, le général de brigade Roberto Lupi a appartenu aux services secrets. On sent que l'homme, comme tous ceux qui ont l'habitude du commandement, sait aussi obéir. Sa présence doit surtout servir à impressionner les clients, notamment l'un d'eux : Jean-François Rémi semble en effet impressionné.

Egidio pose des questions précises au détective, dont le malaise est évident et les réponses parfois embarrassées. L'avocat fait clairement sentir au jeune Suisse qu'il a probablement été manipulé. Son objectif est manifeste : faire comprendre au privé qu'il est désormais le patron.

Charmée par les manières à la fois fermes et pleines d'urbanité de l'homme de loi, Leslie est conquise et rassurée. Rémi émet des réserves sur le personnage et ses méthodes. Quant à moi, ma première impression est plutôt positive. Je propose à maître Egidio et au général de se joindre à nous pour le déjeuner, mais l'avocat décline notre invitation. S'excusant de ne pouvoir assister au concert, il marque en tout son souci de conserver ses distances : il vint, il vit, il repartit.

Egidio a besoin de quelques jours de réflexion, pour vérifier certaines informations, suivre quelques pistes. Nous les lui accordons volontiers : il lui faut revoir tout le dossier avant d'aller plus loin.

Avec son appui, je pourrai relancer l'ardeur policière, un peu éteinte : autant les carabiniers rechignent à collaborer avec un enquêteur privé, autant, face à un homme de la trempe d'Egidio, ils s'empresseront de travailler pour le satisfaire.

Dès le lendemain, 1er avril 1990, plein d'espoir pour la suite des opérations, j'écris à l'avocat afin de lui suggérer qu'il veille à ce que l'activité de la police ne fasse pas courir de risque au Kochanski. Leslie m'a aidé à rédiger la lettre en anglais.

Cher Maître,
Ma femme et moi-même tenons à vous remercier d'avoir effectué, dans un délai si court, ce voyage à Venise pour discuter de notre affaire. Que vous ayez accepté de nous aider à retrouver mon violon nous remplit de gratitude et de confiance pour l'avenir.
Lors de notre rencontre hier, nous avons évoqué les éléments factuels en négligeant l'aspect émotionnel de cette perte. Le Kochanski de 1717 est l'un des cinq ou dix plus beaux stradivarius existants et son état de conservation est exceptionnel. C'est donc pour moi une énorme responsabilité de le garder intact, même s'il n'est plus actuellement en ma possession.
Il m'a fallu, pour acquérir ce violon, travailler durement de nombreuses années. Plus important, nos douze années de vie commune ont créé entre le Kochanski et moi un lien affectif très fort.
Je garde bon espoir de le revoir un de ces jours entre mes mains. Cependant, dans le cas malheureux où sa restitution deviendrait problématique, je tiens à ce que vous sachiez que mon principal souci est de conserver le violon sain et sauf. Si, d'une façon ou d'une autre, son intégrité physique se trouvait menacée lors d'une tentative de récupération, je préférerais savoir qu'il dort loin de moi, mais à l'abri, plutôt que de me sentir indirectement responsable de sa destruction. Il a vécu deux siècles et demi d'une vie extraordinaire, il mérite de vivre encore au moins autant.
Avec votre aide, j'espère que le Kochanski et moi allons être bientôt réunis et ensemble retrouver la musique.
Acceptez, cher maître, mes sentiments très respectueux.

Pierre Amoyal

Je reproduis la lettre telle quelle : elle montre que je réagis comme le père d'un enfant kidnappé ; sauver sa vie reste ma première préoccupation. L'avocat m'a paru intelligent et sensible, il comprendra tout de suite les limites de son intervention.

Et il agit. Il met au point le plan destiné à faire craquer Mancini. Sur ses instances, Rémi téléphone à son confrère pour fixer un rendez-vous et lui remettre une fois pour toutes l'argent demandé par l'informateur. Egidio exige de Rémi un silence absolu sur la nouvelle situation : il ne faut donner à Mancini aucune carte qui lui permette d'échapper au piège ; il ne devra en aucun cas être informé du leadership désormais exercé par Egidio sur l'enquête.

J'apprends ces détails après coup par les fax, messages, mémorandums que m'expédie régulièrement le cabinet d'Egidio. Certains mentionnent, en gros caractères noirs : *STRICTLY CONFIDENTIAL AND FOR YOUR EYES ONLY.*

L'opération est fixée au 5 avril. Dès le 3, l'avocat est à pied d'œuvre. Il vient en force, pas moins de trois collaborateurs l'accompagnent : le général des services secrets Roberto Lupi – avec son crâne chauve, sa mâchoire carrée et ses lunettes à verres teintés, on pourrait le croire tout droit sorti d'un film de Costa-Gavras –, un juriste anglais, roux, mince et tiré à quatre épingles, ainsi qu'un jeune assistant.

Quand Rémi arrive, le 4, il se trouve donc face à ces quatre hommes qui représentent la loi. On le sermonne durement, allant même jusqu'à l'accuser d'avoir participé à une tentative d'extorsion de fonds. Et, pour aggraver son malaise, voilà que vers neuf heures du soir il est conduit au quartier général du *Nucleo Operativo*, pour préparer, avec le capitaine Polvani, le guet-apens du lendemain. On décide de munir le malheureux Rémi non seulement des liasses de billets, mais de quatre micros dissimulés dans ses vêtements, comme pour un espion de la belle époque !

Onze heures, le 5 avril au matin. Rémi entre d'un pas décidé dans l'agence Mancini. En réalité, sa démarche énergique masque assez mal son désarroi. Ce ne sont pas les billets de cinquante et cent mille lires qui le gênent, mais les quatre micros dissimulés sur lui, l'un derrière le col de sa veste, un autre sous sa cravate, les deux autres sous les manchettes de sa chemise. Il est malheureux comme les pierres, craignant à chaque mouvement un peu brusque de révéler son statut de mouchard.

— Tu fais une drôle de tête ce matin, lui dit Ildebrando, que son tempérament ne porte pas à la méfiance. Tu as l'argent au moins ?

La vue des grosses coupures rassure le détective italien. Mais il n'est guère optimiste pour la suite.

— Tu sais, Jean-François, dit Mancini en comptant les billets à la vitesse d'un caissier, c'est le calme plat, ces temps-ci. Plus de nouvelles de monsieur X. J'espère que cet argent n'arrive pas trop tard.

Il se propose d'aller déposer les billets en lieu sûr avant le déjeuner. Rémi lui confie la serviette. Mancini s'absente une demi-heure, tout le temps pour le privé suisse de ruminer sur son sort.

Ildebrando revient visiblement de bonne humeur après avoir mis l'argent en lieu sûr. Il connaît une excellente pizzeria à proximité de l'agence. L'endroit est plaisant, mais très bruyant, ils ont faim tous les deux, les pâtes servies en entrée sont exquises, le valpolicella détend l'atmosphère.

— Que se passe-t-il ? interroge Mancini. Tu n'as vraiment pas l'air à l'aise.

Rémi vient de se rappeler qu'il est en mission : on lui a demandé de choisir un restaurant calme pour permettre aux micros de fonctionner, et là, il faut parler fort pour se faire entendre. Il imagine déjà la fureur d'Egidio et des officiers qui suivent l'opération au quartier général des carabiniers, les écouteurs sur les oreilles.

De fait, la conversation enregistrée dans la pizzeria est inaudible. Lors de la séance de débriefing au *Nucleo Operativo*, le détective vaudois est mis sur la sellette : on l'accuse de tous les maux, notamment d'avoir volontairement rendu les micros inopérants. Dans le rapport que me fait Egidio, il est spécifié que *son agitation et son inquiétude ne cessaient de croître en dépit des assurances qui lui étaient données*. On l'invite à collaborer désormais pleinement avec les autorités italiennes et on le menace, s'il se défile une nouvelle fois, de poursuites pour refus de collaborer avec la police dans le cadre d'une enquête criminelle.

Dans ces conditions, comment puis-je être satisfait de la tournure que prend l'enquête ? La police de Turin et l'avocat romain s'ingénient à piétiner ce que j'ai patiemment élaboré pour approcher et convaincre les actuels détenteurs du Kochanski. Cette tentative grossière de mettre en difficulté Mancini en s'appuyant sur Rémi est une pure sottise. Il est naturel que les deux détectives aient noué, au fil de leurs rencontres et de leurs échanges téléphoniques, des liens cordiaux. Ces garçons ont le même âge, la même façon de réagir. Rémi partage mes doutes quant à l'honnêteté de l'Italien. Mais espérer *retourner* Jean-François pour qu'il consente à *donner* son collègue est naïf.

Egidio insiste sur un point : Mancini est connu des services de police. Adolescent, il aurait volé une voiture. Cela en fait-il un dangereux truand ? Je comprends bien que l'avocat entende travailler dans le respect scrupuleux de la loi, il ne manque pas de le répéter haut et fort. Mais sa longue expérience en matière criminelle doit lui avoir enseigné que pour des affaires sensibles – comme l'est celle du stradivarius volé –, la nature même des activités d'un enquêteur privé suppose, pour être efficace, une certaine souplesse.

En reprochant à Rémi son attitude peu coopérative, l'avocat critique aussi mes propres choix. J'ai pourtant été clair dans ma lettre récente : avant toute autre considération, je veux retrouver mon violon sain et sauf. L'arrestation et la punition des coupables sont loin d'être mon souci principal.

Mon inquiétude s'accroît quand j'entends de la bouche de Rémi comment les choses se sont passées à Turin : menaces et intimidations *avant* la rencontre ; colère à peine contrôlée des carabiniers *après*. Surtout, comment imaginer que leur manque de discrétion durant la surveillance et les filatures n'a pas alerté Ildebrando et fait paniquer son informateur ?

Rémi a pourtant marqué un point décisif lors de son entrevue avec Mancini : il lui a proposé de venir en Suisse pour me rencontrer et débattre des conditions de la restitution du violon. Mancini en a accepté le principe, ce qui est une avancée considérable : je n'ai jamais pu jusqu'ici, malgré mes demandes réitérées, discuter de vive voix avec le détective italien.

Egidio n'en a cure. Il met tout en œuvre pour contrecarrer ce projet : d'après lui les démarches du détective sont illégales et n'aboutiront pas. Il donne à Rémi des instructions fermes sur la suite des opérations. Interdiction absolue lui est notifiée de communiquer avec Mancini.

Pour donner du poids à sa stratégie, Egidio rappelle le passé « criminel » d'Ildebrando et ne craint pas d'évoquer la complicité, selon lui manifeste, de Rémi. L'avocat m'écrit dans un fax :

> *Je vous signale que M. Rémi a accepté de signer de sa main, à la demande évidente de M. Mancini, un document non daté par lequel il reconnaît avoir égaré un certificat de paiement à M. Mancini, preuve irréfutable que l'argent illégalement versé par M. Rémi à M. Mancini constitue une avance sur la somme exigée pour la restitution du stradivarius volé.*

Peut-être bien, maître, mais c'est le prix à payer pour voir mon affaire trouver son dénouement rapidement !

Il est grand temps que je remette un peu d'ordre dans la maison et rappelle à mon avocat – je suis tout de même son client et commanditaire – mes priorités. Je lui expose donc mon sentiment en lui envoyant ce mot un peu sec :

Cher Maître,
Je suis au regret de constater que l'implication du capitaine Polvani dans cette affaire, où il n'a manifesté ni soin ni compétence ni intelligence, a anéanti en quelques minutes deux années d'efforts, d'espoirs et de dépenses.
Après avoir lu votre rapport, je n'ai pas de commentaire à formuler, je ne peux qu'exprimer mon extrême préoccupation.
Sincèrement à vous,

Pierre Amoyal

20

Mes chefs

Entre le chef d'orchestre et le soliste, la relation est stimulante, parfois complexe – et l'aspect musical n'est pas seul en cause. La réussite de leur collaboration dépend bien évidemment du facteur humain, mais également de leur propre conception, non seulement de chaque œuvre en particulier, mais de l'acte d'interprétation en tant que tel. Un directeur qui se contente de l'à-peu-près avec son orchestre ne s'entendra pas avec un concertiste qui vise la perfection. Un soliste qui ne songe qu'à se faire valoir ne saura pas dialoguer avec un chef épris d'une partition exceptionnelle qu'il souhaite restituer dans toute sa beauté. Si l'on ajoute à cela le petit nombre de répétitions généralement accordées aux musiciens, les problèmes d'intendance ou de décalage horaire, on comprendra que le stade de l'épanouissement fusionnel est rarement atteint dans la pratique du concerto.

J'eus beaucoup de chance avec mon premier chef. Paul Paray, aujourd'hui injustement oublié, est un cas dans l'histoire de la direction d'orchestre du XXe siècle : en 1977, âgé de quatre-vingt-onze ans, il dirigea à Nice et avec une musicalité exceptionnelle un concert symphonique pour fêter les quatre-vingt-dix ans de Marc Chagall. L'année suivante, à quatre-vingt-douze ans, on le vit, pour son dernier concert américain, conduire le Curtis Institute of Music de Philadelphie. Quand il disparut en 1979, il avait des engagements jusqu'en 1981 !

Au tournant des années 1970, le chef prestigieux héritait, pour jouer la *Symphonie espagnole* d'Édouard Lalo, d'un premier prix du Conservatoire qui n'était qu'un gamin de douze ans, en chemise blanche et culotte courte ! Jouer toutes les notes des cinq mouvements de ce concerto qui porte le nom de symphonie n'était pas une mince affaire pour un enfant.

Cette première rencontre avec le monde des musiciens professionnels fut pour moi une aventure fabuleuse. Ma mère et moi descendîmes sur la Côte d'Azur en wagon-lit et nous fûmes logés dans l'un des plus beaux palaces de Monte-Carlo. Je me rendis à l'unique répétition appliqué et préparé comme un professionnel.

Je fus abasourdi par la façon dont les choses se passèrent. Cet orchestre, avec lequel par la suite j'allais jouer si souvent, Paul Paray le dirigeait déjà en 1928 ; c'est dire qu'il n'exigeait pas une attention phénoménale de la part du chef d'orchestre. Celui-ci me salua distraitement, et nous commençâmes sans plus attendre : quelques mesures d'introduction de l'orchestre, puis une cadence de violon que je jouai convenablement. Je m'aperçus que l'illustre chef ne me prêtait pas la moindre attention ; il était fixé sur l'orchestre comme s'il dirigeait une symphonie. Ce qui était le cas, mais jusqu'à un certain point seulement, et ce point, pour minuscule qu'il fût, c'était le violon ! Nous continuâmes ainsi tout le premier mouvement. Sans un regard pour moi, l'air d'ignorer éperdument mon tempo, mes rubatos, la dynamique de mes nuances, maître Paray s'occupait exclusivement des musiciens de l'orchestre. Il en fut ainsi tout le temps que dura la répétition.

Je rentrai à l'hôtel, effondré, et dis à ma mère :

— Je ne sais pas du tout comment cela va se passer demain. J'ai l'impression qu'il dirige son orchestre pour lui, je joue la partie pour moi-même, nous ne serons jamais ensemble.

J'allai donc au concert très inquiet, montai sur la scène, sous les regards curieux et les applaudissements. Paul Paray s'installa sur le podium, lança l'orchestre le temps de quatre mesures, puis il se tourna vers moi et jusqu'à la dernière note de la *Symphonie espagnole* il ne me quitta plus des yeux. Nous étions unis comme les doigts d'une main.

Je n'avais pas compris que dans son esprit la répétition devait mettre l'orchestre à l'abri des mauvaises surprises, assurer certains automatismes, et qu'en dépit des apparences il n'en avait pas moins enregistré tout ce que je faisais. Quand ce fut l'heure de l'exécution publique, il était tout à son soliste, veillant à la bonne transmission des sensations entre lui et les autres musiciens. Ce concert eut pour moi une forte valeur symbolique : en 1928, le maître avait parrainé le premier concert public de Yehudi Menuhin, alors âgé lui aussi de douze ans...

L'homme était d'une courtoisie et d'une élégance rares. Je me souviens qu'après le concert il nous invita, ma mère et moi, à dîner chez lui. Un détail me fascinait : le majordome à gants blancs qui allait et venait dans le somptueux appartement. C'était la première fois de ma vie que je voyais quelqu'un déposer délicatement une assiette sur la table avec des gants blancs.

Bien sûr, cela aurait pu mal tourner. J'étais mignon avec ma chemise à jabot et ma culotte de velours bleu nuit, j'avais fait sensation à Monaco, et si mes parents s'étaient engouffrés dans cette brèche, j'aurais facilement pu mener la pitoyable existence d'un enfant prodige et me voir exhibé de tréteaux en tréteaux tel un singe savant.

Quelques années plus tard, Jascha Heifetz me déclara :

— Pierre, vous avez en France le meilleur chef et accompagnateur avec lequel j'aie jamais joué.

Je le regardai avec curiosité.

— Et qui est-ce ?

— Paul Paray.

On ne s'étonnera donc pas que, de retour en France dix ans après l'épisode monégasque, l'un de mes premiers concertos fut celui de Jean Sibelius, à nouveau avec Paul Paray.

Georg Solti fut un autre grand symbole pour moi. Étudiant à Los Angeles, je ne rentrais jamais en France pour les petites vacances de Noël et de Pâques. Il y eut une exception l'année où il vint à Jascha Heifetz l'envie d'aller en Alaska, le seul État d'Amérique où il n'avait jamais joué. En décembre, il dit à ses élèves :

— Si vous souhaitez rentrer chez vous, profitez-en, je serai absent trois semaines.

Je pris mon billet pour Paris, afin d'aller voir mes parents.

À l'époque, Georg Solti était directeur de l'Orchestre de Paris, et son idée était d'engager pour des concerts de prestige quelques solistes français. J'appris que, de façon très démocratique, il ouvrait une audition. Ma carrière fut ponctuée de ce genre d'obstacles. Peu d'artistes, après vingt-cinq ans, acceptent de subir une telle épreuve. Moi, je la passai sans états d'âme – le goût du risque sans doute, pour un garçon privé de concours internationaux.

L'audition avait lieu au Théâtre des Champs-Élysées. Je jouai le deuxième concerto de Sergueï Prokofiev. À la fin du premier mouvement, Solti vint vers moi et me dit en anglais – il parlait peu le français :

— Avec qui étudiez-vous ?

— Avec Jascha Heifetz.

Il me fit cette réponse qui me parut une condamnation définitive :

— Au moins, il vous aura appris à bien parler l'anglais !

Eh bien, ai-je pensé, voilà une audition prometteuse !

À mon retour en Californie, Jascha Heifetz me demanda ce que j'avais fait pendant mon séjour en France.

— J'ai beaucoup travaillé, comme d'habitude, et j'ai passé une audition.

— Tiens donc ! Et pour qui ?

— Pour Georg Solti.

— Solti ? Qui est-ce ?

Il savait parfaitement qui était Solti. Mais je compris alors ce que signifiait le vieil antagonisme réciproque entre les Russes et les Hongrois.

Quelques jours plus tard, j'appris que le grand chef m'engageait pour une série de quatre concerts dans la capitale.

Il insista pour jouer avec moi le concerto de Berg, que je n'avais bien évidemment pas travaillé avec Heifetz. Rentré à Paris, je me penchai sur cette partition comme un violoniste mûr et indépendant. Ainsi, grâce à ce concerto, grâce à la confiance de Solti, grâce à l'Orchestre de Paris, je pus couper le cordon ombilical avec Jascha Heifetz et faire mes grands débuts parisiens, non comme élève doué, mais comme Pierre Amoyal, seul face à une partition géniale.

Au début des années 1970, le concerto d'Alban Berg n'était pas donné souvent, et Solti lui-même semblait appréhender cette soirée. Nous répétions dans sa loge du Théâtre des Champs-Élysées, où un piano était installé.

— Je ne suis pas sûr, me dit Georg Solti, de tout comprendre à ce concerto, mais si je peux me permettre un conseil, il faut le jouer comme si c'était du Brahms.

Aujourd'hui ce jugement peut paraître un peu expéditif, mais le maître voulait m'expliquer par là que cette musique étant d'une modernité agressive pour l'époque, le grand danger était de la jouer d'une manière trop ascétique, trop clinique, alors qu'en l'interprétant comme du Brahms nous aurions des phrasés longs, des nuances pleines, des inflexions marquées. Je crois qu'alors il avait raison.

À plusieurs reprises par la suite, Solti m'engagea pour rejouer le concerto de Berg avec lui. Chaque fois, nous constatâmes l'un et l'autre qu'avec le temps nous apportions à l'exécution plus de finesse et de sensibilité. Un jour, nous donnions le concerto salle Pleyel, avec l'Orchestre national de France. Un auditeur particulièrement attentif était dans le public : Pierre Boulez, accompagné de madame Pompidou. À la fin, le compositeur vint dans ma loge, nous parlâmes de choses et d'autres, il me félicita pour mon interprétation, mais sembla plus réservé sur les choix de Georg Solti.

Je n'aurais jamais dû rencontrer Herbert von Karajan. Si, du moins, j'avais suivi à la lettre les recommandations de Jascha Heifetz.

Mon maître refusait tout ce qui venait d'Allemagne, et Herbert von Karajan plus que tout. Il est vrai que le jeune et brillant chef de vingt-cinq ans, fasciné par l'organisation du parti national-socialiste, prit sa carte dès 1933 en Autriche, puis l'année suivante adhéra au parti nazi d'Ulm. En 1939, il dirigeait le programme symphonique de la Stattsoper de Berlin. Les dignitaires du régime l'acclamaient et Hitler était l'un de ses admirateurs. Par la suite, Karajan devait se repentir de ses errements de jeunesse et, en 1947, il fut officiellement innocenté par l'armée alliée d'occupation.

Jascha Heifetz m'avait fait promettre deux choses : ne jamais dîner chez Maxim's, ne jamais jouer avec Herbert von Karajan. Un soir, à Paris, on lui avait refusé l'entrée du célèbre restaurant où il avait réservé après un concert triomphal à Pleyel, parce qu'il portait une cravate et non le nœud réglementaire. Il morigéna le portier :

— Monsieur, je suis Jascha Heifetz !

— Vous pourriez être l'empereur de Chine que vous n'entreriez pas sans nœud.

De ce jour, il demanda à tous ses amis de snober Maxim's. Cette première promesse, je la tins sans problème, d'autant que la cuisine du restaurant n'a jamais été un sommet de la gastronomie. La seconde, non.

Quand, au milieu des années 1980, la proposition de jouer avec Karajan et le Philharmonique de Berlin tomba sur mon bureau, je suppose que dans un coin de mon cerveau je repensai à cette promesse, pour l'oublier aussitôt. J'étais si jeune quand Jascha Heifetz m'avait demandé cela, j'espérais qu'elle s'était effacée de sa mémoire, je me disais que Berlin est loin de Los Angeles et que mon maître n'en saurait rien. Quel jeune soliste aurait renoncé à honorer un tel rendez-vous ?

Et, en vérité, je connus avec Karajan l'une des expériences les plus fortes de ma carrière de musicien. D'abord grâce à l'extraordinaire aura de l'orchestre qu'il avait à sa main. Discipline, force, sonorité, l'ensemble avait toutes les qualités qui font rêver le soliste. Nous jouâmes le *Concerto à la mémoire d'un ange* de Berg, œuvre qui m'était familière entre toutes, comme on sait.

La réputation d'autocrate que l'on faisait à Karajan était injuste. J'ai pu le vérifier. On m'avertit que je n'aurais pas plus d'une demi-heure de répétition avec le maître, qui avait un emploi du temps de Premier ministre. J'arrivai comme prévu à neuf heures précises ; Herbert von Karajan était déjà là. Nous répétâmes plusieurs heures d'affilée, dosant chaque note, chaque accord. Le soir, ce fut merveilleux. Je fis l'une de mes meilleures prestations, et le chef n'y était pas indifférent. On raconta que Karajan dut s'interrompre un moment tant il était ému. Exagération journalistique : c'est à la fin, alors que la salle manifestait son enthousiasme en se levant, quand nous nous congratulâmes mutuellement, que je vis qu'il avait les larmes aux yeux. Moi-même j'étais bouleversé.

L'information dut franchir les treize mille kilomètres qui séparent Berlin de Los Angeles, car quelques mois après le concert, quand j'appelai mon maître pour prendre de ses nouvelles, j'eus sa secrétaire, madame Neblett, qui me dit qu'il était absent. Je refis une tentative deux jours plus tard, même réponse. Idem le lendemain. Finalement, j'interrogeai directement la secrétaire.

— Oui, Pierre, il y a un problème.

— Lequel ?

— Vous n'avez pas tenu votre promesse, vous avez joué avec Karajan.

Je ne pus jamais reparler à Jascha Heifetz, qui mourut en décembre 1987. J'avais rompu le pacte. Je ne me sens pas le droit de juger son attitude envers les Allemands. Aurais-je eu moi aussi des membres de ma proche famille exterminés dans les chambres à gaz que j'aurais sans doute réagi comme lui. Comme Jankélévitch, il ne put jamais pardonner.

Pourtant, Jascha Heifetz lui-même écorcha parfois ce pacte. Je ne résiste pas à l'envie de raconter l'incroyable aventure qui lui arriva lors d'une série de concerts en Israël. Il aimait passionnément la musique de Richard Strauss, notamment sa sonate pour violon et piano. Il n'ignorait rien des sympathies politiques du compositeur et de son attitude, au minimum passive et consentante, sous les nazis. Il était conscient qu'en introduisant cette sonate dans son programme en Israël, il allait heurter. À la fin du récital, un auditeur le suivit dans les coulisses avec un fouet et le frappa au bras si violemment qu'il fallut transporter le virtuose à l'hôpital.

— Ceci vous apprendra à avoir joué Strauss chez les juifs !

Jascha Heifetz ne porta pas plainte et ne parla jamais de l'anecdote aux journalistes. Il refusait de répondre quand des amis tentaient d'aborder le sujet avec lui. Un jour d'été, alors que nous devisions à Malibu, je pris mon courage à deux mains :

— Racontez-moi cette histoire de la sonate de Richard Strauss.

— Il n'y a rien à dire.

— Rien à dire, cela veut dire quoi ?

— Cela signifie que cet homme avait parfaitement raison : je n'avais pas à jouer la sonate de Strauss à Tel-Aviv.

— Tout de même, vous envoyer à l'hôpital !

— Cet homme, Pierre, était un meilleur juif que moi.

Si Pierre Boulez est encore discuté, ou incompris, comme compositeur, comme chef il est aujourd'hui une référence mondiale. J'eus des débuts assez difficiles avec lui. Il y a une vingtaine d'années, Pierre Boulez était opposé à toute collaboration avec des solistes et chanteurs français. Sur ce point comme sur d'autres, ses jugements se sont nuancés avec le temps, mais à l'époque nous étions catalogués par lui comme étant en dessous du niveau.

Mon agent de l'époque, Annie de Valmalete, s'était entendue avec l'Orchestre de Paris pour une série de concerts. Des dates fixes avaient été arrêtées et le hasard voulut qu'elles correspondent à des soirées dirigées par Pierre Boulez. Annie me téléphona.

— Je ne sais pas comment vous annoncer cela, me dit-elle sur un ton désabusé, les dates avec l'Orchestre de Paris vont tomber, j'en aurai d'autres, bien sûr...

— Annie, je ne comprends pas. Que se passe-t-il ?

— Monsieur Boulez ne veut pas d'un soliste français. Cela n'a rien à voir avec vous, c'est une question de principe.

Je trouvais la décision particulièrement injuste. N'y aurait-il pas moyen de contourner le problème ? Annie n'en voyait pas.

— Il auditionne parfois des solistes et des chanteurs ?

— Bien sûr. Mais après avoir joué avec Georg Solti, Paul Paray, Lorin Maazel et d'autres, vous n'allez pas passer une audition comme un simple débutant avec un orchestre avec lequel vous vous êtes déjà produit souvent !

— Si, cela m'amuse, je veux y aller. Mais n'avertissez pas Pierre Boulez. Le jour où il auditionnera, demandez-lui simplement de prévoir un quart d'heure supplémentaire.

— Vous êtes sûr de vouloir le faire ?

— Certain.

La date fut fixée. Boulez ignorait qu'aux chanteurs qui allaient défiler devant lui s'ajouterait un violoniste. L'audition avait lieu salle Pleyel. Imaginez cet immense espace de deux mille places entièrement vide, à l'exception de deux hommes de petite taille installés à peu près au quinzième rang : Pierre Boulez et Daniel Barenboïm. Les artistes se succédèrent tout l'après-midi et, vers cinq heures moins le quart, j'arrivai sur la scène avec mon violon. Boulez me regarda d'un air surpris :

— Que voulez-vous ?

— Que désirez-vous entendre ?

— Bien, si vous y tenez. Le concerto d'Alban Berg.

Je commençai à jouer les premières mesures. Finalement, Pierre Boulez et Daniel Barenboïm écoutèrent tout le concerto sans accompagnement. À la fin, l'un des deux dit :

— Merci monsieur, au revoir.

Pas un mot de commentaire. Je remis mon violon dans sa boîte et je rentrai chez moi. Le lendemain, coup de téléphone de madame de Valmalete, ravie :

— Pierre, j'ai une bonne nouvelle. Monsieur Boulez serait très heureux de jouer avec vous, les dates sont confirmées, mais il aimerait que vous interprétiez le concerto d'Arnold Schoenberg.

Voilà donc le prix que j'avais à payer pour être accepté par le maître... J'allai acheter la partition. Et là, je me trouvai devant un mur. Je compris pourquoi le compositeur avait dit de son œuvre : « Il est écrit pour un violoniste qui serait né avec six doigts à la main gauche. » Isaac Stern qualifiait cette partition d'inhumaine, il soutenait qu'elle ignorait totalement les violonistes. Mais c'était une nouvelle épreuve qui s'offrait à moi : j'avais gagné la bataille Pierre Boulez, je gagnerais la bataille Arnold Schoenberg.

Je me mis au travail et voyageai avec ce concerto comme on voyage avec son passeport. Heureusement, j'avais du temps devant moi : les programmes sont conçus longtemps à l'avance. Tous les jours, chez moi ou dans une chambre d'hôtel, je consacrais un long moment à cette œuvre. Ce concerto est tellement compliqué que j'ai passé près de deux heures par mesure, uniquement pour savoir quel doigt devait jouer quelle note !

C'est seulement après ce travail de décryptage mécanique que je commençai à comprendre que se dissimulait derrière la difficulté technique une musique fabuleuse, d'un lyrisme incroyable. Ce concerto n'a cessé d'être pour moi très positif.

Après avoir travaillé pendant près de deux ans, j'arrivai à la répétition, où j'entendis pour la première fois à quoi ressemblait la partie de violon avec orchestre – nous avions quatre répétitions avec l'Orchestre de Paris.

Pierre Boulez, toujours aussi distant, faisait son travail avec une précision diabolique. J'étais bien préparé. Cependant, si le chef donnait des indications aux musiciens ou reprenait tel passage avec eux, il ne prononça pas un mot pour ce qui était de la partie du soliste. J'ignorais s'il était satisfait, s'il trouvait que mon interprétation correspondait à ce qu'il avait imaginé, si techniquement, et bien que musicien français, je ne le décevais pas. Bref, je rentrais de chaque répétition perplexe, puis même un peu inquiet.

Le matin du concert, à la générale, toujours pas un mot pour le violoniste. La répétition se termina, je m'apprêtais à rentrer chez moi sans un mot d'encouragement ou de sympathie pour ce compte à rebours, toujours impressionnant à quelques heures de l'échéance.

Le régisseur vint me dire :

— Monsieur Boulez veut vous parler, il vous attend dans sa loge.

Le maître était devant son lavabo, se lavant les mains. Il lança, sans se retourner ni lever les yeux vers moi :

— Je voulais juste vous dire que ce que vous faites est parfaitement admirable. À tout à l'heure, monsieur.

C'est le genre de phrase qu'on n'oublie pas. Je rentrai chez moi un peu dans le même état d'esprit que le jour où Jascha Heifetz m'avait dit, en guise de compliment ultime : *I have heard worse.*

Parmi les grands chefs historiques, celui avec lequel je regrette le plus de n'avoir pas joué – il est mort en 1968 – est Charles Munch. Je me souviens avoir assisté au tout premier concert de l'Orchestre de Paris, dont il prit la tête en 1967. Dirigée par lui, la *Symphonie fantastique* d'Hector Berlioz était une pure merveille.

Au XXe siècle, il y eut une grande école française de la direction d'orchestre. Avec Jean Martinon, j'effectuai une tournée mémorable peu avant qu'il ne succombe, en 1976, à un cancer des os. J'eus la chance de jouer avec l'admirable Jean Fournet, avec Pierre Dervaux, Georges Prêtre, Jean-Claude Casadesus. Casadesus appartient à une immense lignée de musiciens ; l'un de ses oncles, Marius, violoniste, compositeur, fut le plus habile faussaire de l'histoire de la musique : pendant de longues années, il fit croire à la communauté musicale qu'il avait redécouvert un concerto pour violon de Mozart, que ce dernier aurait écrit à l'âge de dix ans pour Adélaïde, la fille aînée de Louis XV. En réalité, le *Concerto Adélaïde* était de sa main.

M'ont marqué également Michel Plasson, ou Charles Dutoit, qui sait faire répéter un orchestre comme Michael Schumacher sait régler le moteur de sa Ferrari, mais qui ne m'a toujours pas pardonné d'avoir annulé ce concert de Philadelphie en 1987. Il est vrai que dans cette profession l'autorité est une motivation essentielle : un chef d'orchestre, c'est tout d'abord un chef...

Je ne peux citer tous les virtuoses de la baguette avec lesquels j'ai travaillé. Aux noms illustres – Seiji Ozawa, Lorin Maazel, Stanislas Skrowaczewski, Riccardo Muti, Günther Herbig, Kurt Sanderling, Eliahu Inbal, Armin Jordan, Rudolf Barshai, Ferdinand Leitner, Ivan Fischer, Rafael Frühbeck de Burgos, Myung-Whun Chung, Guennadi Rojdestvenski, Larry Foster, Saulius Sondeckis, Simon Rattle –, j'aimerais ajouter ceux de chefs plus jeunes chez lesquels je sens apparaître une nouvelle conception de l'art de la direction, moins soucieuse du respect de l'autorité et tournée vers une lecture fervente et partagée des œuvres : le fascinant Finlandais Okko Kamu, prix Karajan à vingt-trois ans, le chef israélien Lior Shambadal, le grand chef mexicain Enrique Diemecke ou le jeune titulaire de l'Orchestre de Fort Worth, au Texas, Miguel Harth-Bedoya, et j'en oublie.

21

Le jeu d'Egidio

avril-mai 1990

Un avocat de la trempe d'Egidio ne se laisse pas impressionner par la manifestation de mauvaise humeur d'un client mécontent. Il réplique très calmement à mon petit mot, un peu comme un médecin s'adresse à un patient qui s'inquiète pour un rien : tout va bien, cher monsieur Amoyal, vous semblez mal informé sur le travail accompli par les carabiniers, lesquels sont contraints de suivre les instructions du magistrat en charge du dossier. L'important étant de rester dans un cadre légal, je puis vous affirmer que le capitaine Polvani et moi-même mettons dans cette affaire intelligence, compétence et soin.

Je ne suis pas convaincu; Leslie, si. Craignant qu'après mon éclat l'avocat refuse de poursuivre avec moi, elle lui écrit à son tour, cherche à arrondir les angles sans se désolidariser de son époux. Exercice difficile. Egidio devient entre nous un sujet de discorde.

— La réflexion de mon mari contre Polvani, dit-elle à l'avocat, s'explique par le fait que le capitaine a modifié de son propre chef les plans sur lesquels vous vous étiez entendus avec le concours de la police vaudoise. Mon mari est désireux de respecter scrupuleusement la loi, ajoute-t-elle, mais il espère en contrepartie que les initiatives un peu désordonnées des carabiniers seront dorénavant étroitement bridées et supervisées par le général Lupi.

Elle confirme la rencontre prévue en Suisse entre les deux détectives et moi le 19 avril – près de trois ans après le vol.

Détail amusant, Mancini veut nous rendre sur-le-champ les quarante millions de lires – il devient coutumier du fait ! Cet argent lui brûle les doigts, paraît-il. Il télégraphie à son collègue vaudois pour l'en informer.

J'attends beaucoup de cette rencontre avec Mancini et me fais fort de lui démontrer que sa crédibilité en tant que détective est entièrement liée au fait de nous rapporter le violon, et ce à des conditions acceptables. Que l'échange ait lieu en Suisse doit rassurer le privé italien : s'agissant d'une transaction entre deux parties consentantes, elle ne peut tomber sous le coup de la loi italienne.

Rémi abonde dans mon sens. Lui-même et Mancini sont persuadés que les carabiniers n'étant pas très fins, il est possible de leur donner l'impression que l'on collabore avec eux tout en jouant un autre jeu à leur insu.

Leslie pense qu'une mise au point avec Egidio s'impose. Il ne m'est pas possible de m'en occuper, mais Leslie trouve le temps et ses relations avec l'avocat, par téléphone ou fax, sont excellentes. Elle propose à Egidio de se rendre à Rome pour le voir. Celui-ci ne demande pas mieux et l'invite à venir dès le lendemain.

Une splendide Mercedes avec chauffeur attend ma femme à l'aéroport.

Les bureaux de l'International Law Office Gennaro Egidio sont situés dans le quartier résidentiel des Parioli, via Archimede, une des rues les plus cossues de la capitale italienne. L'extérieur du palais est austère, mais l'aménagement intérieur – profusion de meubles anciens en bois sombre ou acajou brun massif, épais tapis sur les carrelages, goût prononcé pour l'art asiatique et le rouge foncé – très élégant. Avec les nombreux collaborateurs qui se déplacent dans un silence feutré, on a l'impression de se trouver dans un temple.

L'avocat attaque sans ambages.

— Le moment est venu de procéder à l'arrestation de Mancini. C'est également l'avis du magistrat instructeur à Turin. Les carabiniers sont prêts, ils n'attendent plus que notre feu vert.

— Mon mari préférerait que vous agissiez après la rencontre du 19 avril. Peut-être Mancini a-t-il déjà le stradivarius entre les mains ? Il serait désastreux de tout gâcher par excès de précipitation.

Maître Egidio balaie ces inquiétudes d'un revers de la main. Sentant Leslie hésitante, l'avocat pousse son avantage :

— Il faut que vous sachiez, madame Amoyal, que Mancini a déjà dépensé tout l'argent que vous lui avez remis, non pour payer ses informateurs, mais pour lui et sa compagne.

L'argument porte, Leslie accuse le coup. Egidio pense avoir le champ libre. J'ai regretté par la suite de n'avoir pas accompagné ma femme à Rome : le moment était capital, et le choix crucial.

Informé par elle, à son retour, des derniers développements, je tente de mettre en garde l'homme de loi : jusqu'au 19 avril au moins, il faut laisser au détective turinois une certaine liberté de mouvement. S'il se sent menacé, il préférera faire disparaître le violon plutôt que d'affronter les conséquences pénales de ses actes.

Leslie prévient l'avocat que Mancini doit arriver à Lausanne à onze heures. Les deux détectives déjeuneront ensemble, puis me retrouveront. J'ai insisté auprès de Rémi pour que soit respectée la partie financière de la transaction ; il nous est en effet impossible de verser plus que les dix pour cent de la valeur du stradivarius. Rémi pense pouvoir convaincre Mancini. Il m'annonce dans le même temps qu'il souhaite se retirer de l'affaire, après cette réunion, car il sent qu'Egidio ne lui fait aucune confiance.

Les jours précédant cette rencontre, une forte agitation règne à Turin : magistrats, carabiniers, Egidio et ses collaborateurs étudient les divers scénarios possibles. Des divergences importantes apparaissent entre le magistrat instructeur et le représentant du ministère public, favorable à une ligne dure. Les discussions entre eux et avec Polvani et ses supérieurs ont un résultat : différer de quarante-huit heures l'arrestation de Mancini. L'avocat prie Leslie de l'informer de toute tentative de Mancini d'entrer en contact avec moi, directement ou par l'intermédiaire de Rémi.

Une fois de plus, me voici pris entre deux feux, écartelé entre deux stratégies. Pour gagner du temps, Leslie envoie aussitôt à Egidio un fax lui demandant ce que signifie ce délai de quarante-huit heures. Sert-il à réunir des preuves plus évidentes de l'extorsion, qui permettraient d'obtenir aisément la collaboration de Mancini, ou les magistrats espèrent-ils que nous pourrons récupérer le violon lors de la transaction ?

19 avril, peu avant onze heures du matin. Je reçois un fax laconique d'Egidio : la rencontre avec Mancini n'aura pas lieu.

Le détective turinois est arrêté dans son bureau et conduit dans les locaux du *Nucleo Operativo*. Interrogé pendant cinq heures, il finit par se livrer et révèle l'identité de son informateur.

Monsieur X a enfin un visage !

C'est un aimable antiquaire et collectionneur, à l'allure débonnaire et lisse, honorablement connu à Turin. Il a même été vice-président de l'association des commerçants d'art. Pas de casier judiciaire, mais la police le soupçonne depuis longtemps de recel et certaines de ses relations sont plus que douteuses. Bref, il faudra avancer à pas de Sioux.

Ildebrando Mancini s'engage à collaborer activement avec la police. Il reconnaît que les quarante millions de lires que lui a portés son collègue suisse n'ont pas servi à régler monsieur X, et qu'il les a dépensés pour son usage personnel. Il jure qu'il nous les restituera. Comment ? Il n'a plus un sou.

Egidio est optimiste. Mancini n'a pas le choix : pour éviter la prison, il agira de manière que l'affaire connaisse rapidement une heureuse conclusion. D'après l'avocat, maintenant que le cours des choses s'est inversé, il ne nous reste plus qu'à attendre les résultats avec patience et confiance.

J'ai beaucoup de concerts, je cours de droite et de gauche, cette nouvelle me laisse perplexe. Je vis mal le fait que l'avocat soit arrivé à ses fins : m'empêcher de rencontrer le détective italien et se débarrasser du Suisse. Je me sens trahi : Egidio ne tient aucun compte de mes souhaits, Mancini m'escroque et Rémi déserte.

En revanche, Leslie est aux anges. L'optimisme de mon épouse est tel qu'elle écrit à l'amie qui nous a conseillé l'avocat romain et qui séjourne pour quelques mois à Londres : « Il est tout ce que vous avez dit de lui, et plus. Je n'ai jamais rencontré quelqu'un d'aussi intelligent, compétent et digne de considération que maître Egidio. »

Comme je dois jouer le 27 mai au Wigmore Hall de Londres, elle propose à cette amie de l'inviter : « Qui sait, ajoute-t-elle, peut-être Pierre jouera-t-il avec le Kochanski ! »

Nous allons cruellement déchanter.

La prochaine étape du plan imaginé par Egidio exige un gros effort financier de notre part : il nous faut rassembler en très peu de temps une importante somme d'argent qui doit être remise à Mancini. Désormais auxiliaire de police malgré lui, il est chargé d'appâter son informateur en lui faisant croire que je pourrais doubler la mise, ce qui est faux. Déjà, réunir ces fonds sera très difficile.

Premier sacrifice : ma Ferrari 328 GTB, que je mets en gage chez un garagiste ami. Mon père, une fois de plus, répond présent. Leslie sollicite un ami fortuné. Un prêt important nous sera consenti par un ami de Strasbourg, le père d'un de mes élèves, garçon doué à l'aube d'une carrière prometteuse.

La somme une fois réunie, il faut la transférer en Italie. Un banquier de Lugano, qui a une succursale à Milan, accepte de faciliter les procédures. Pour faire plus de volume et remplir la mallette, Leslie propose d'entasser, sous les cinq cents coupures de cent mille lires, trois mille billets de cinquante mille. Dès le flagrant délit constaté, l'argent sera restitué à ses propriétaires. Il n'est pas question d'aventurer une telle somme dans une opération sans filet : je ne peux pas me permettre de la perdre, puisque pour l'essentiel elle ne m'appartient pas.

18 mai, veille du traquenard. Leslie prend une chambre dans un grand hôtel de Milan. Elle doit disposer d'une escorte : pas question pour elle de se promener en ville avec autant d'argent. Quand le réceptionniste appelle ma femme pour la prévenir de l'arrivée des carabiniers, Leslie descend dans le hall, mais ne voit aucun uniforme. Deux jeunes et solides gaillards, en tee-shirt et jean, s'avancent vers elle et se présentent en lui montrant leurs cartes de policiers.

Tous trois filent à la banque. On compte l'argent devant ma femme, les billets sont fourrés dans un sac de toile rouge. Leslie rentre à l'hôtel avec ses gorilles et transfère les coupures dans un sac bleu – on n'est jamais trop prudent.

Départ des gardes du corps et de Leslie pour Turin, dans une petite Fiat banalisée très rapide.

À Turin, après un saut à la caserne San Carlo où l'argent est mis en lieu sûr, Leslie rencontre maître Egidio à son hôtel. Avec le capitaine Polvani, ils mettent au point les détails de l'opération du lendemain.

En ce mois de mai 1990, je sillonne la France pour des concerts de musique de chambre. Le 17, je suis à Bordeaux pour une soirée de trios avec Boris Pergamenschikov et Mikhaïl Rudy. Le 19, je joue en quatuor à Épinal avec Brigitte Engerer, Gérard Caussé et Frédéric Lodéon. Le lendemain, départ pour Oslo, ensuite pour Londres le 23. Je ne peux donc participer à l'opération. Pourtant, l'idée d'impliquer Leslie dans une action qui comporte des risques ne m'enchante pas.

Le rôle du porteur de serviette, d'« ami de la famille » comme dit l'avocat, sera tenu par un policier italien qui parle le français sans le moindre accent. On lui a même trouvé un nom, Daniel Carrard, et fabriqué, le soir même, une carte de visite qui porte l'adresse et le téléphone en Suisse d'une amie que nous avons mise dans la confidence et qui accepte d'entrer dans le dispositif : il faut permettre au receleur de vérifier l'identité de l'ami de la famille.

Egidio est convaincu que Mancini jouera parfaitement son rôle : toute défaillance de sa part entraînerait son arrestation immédiate. Le détective italien ne sauvera son avenir qu'au prix du stradivarius retrouvé.

19 mai, six heures trente. Les anges gardiens de Leslie prennent position au siège de l'agence Mancini. Ils se cachent dans des placards. Le détail est comique, mais il faut une certaine force de caractère : en première ligne, ils vont devoir passer des heures enfermés dans le noir, avec dans l'oreille le microrécepteur qui leur annoncera la délivrance.

Ils sont reliés au quartier général des carabiniers, d'où maître Egidio et le capitaine Polvani supervisent l'opération.

Mancini est sur place peu avant onze heures, bientôt suivi par Daniel Carrard, porteur de la mallette. Monsieur X n'arrive qu'après treize heures, toujours très élégant, les mains dans les poches. Il n'a avec lui aucune boîte, aucun étui, rien qui évoque un violon !

— Je veux d'abord vérifier certains points et m'assurer de la présence de l'argent, explique-t-il à Mancini. Je ne suis qu'un simple intermédiaire. Ceux que je représente restitueront le stradivarius dans un deuxième temps, lors d'une nouvelle rencontre.

À l'évidence il se méfie, ne cesse de jeter autour de lui des regards inquisiteurs, comme s'il flairait la présence des policiers.

La discussion entre les trois hommes, écoutée par l'avocat et le responsable du *Nucleo Operativo*, n'apporte aucun élément décisif. Au quartier général, on décide de procéder à l'arrestation du présumé receleur. Au moment où ce dernier s'apprête à se retirer, les deux jeunes carabiniers cachés dans les placards jaillissent, pistolet au poing. Il n'oppose aucune résistance, trouve même le moyen de plaisanter sur cette interpellation rocambolesque.

Monsieur X est sous les verrous et l'argent récupéré... simplement, il manque l'essentiel : mon stradivarius. D'un point de vue strictement policier, l'opération a réussi, comme on le dit en chirurgie – quand le patient est mort. L'antiquaire sera conduit à San Carlo pour interrogatoire. Il ne sera pas facile de le faire parler.

Après le concert, j'appelle ma femme. Accablé, je sens que l'action policière a retardé, sans doute pour longtemps, le retour du Kochanski. Comment continuer ma tournée comme si de rien n'était ? Je change mon itinéraire, et tout de suite après le concert d'Oslo, où je joue le *Kammerkonzert* d'Alban Berg, je fais un crochet par Turin, avant de repartir pour Londres avec Leslie.

Nous déjeunons avec maître Edigio, que ma présence ne réjouit pas : il l'interprète comme un signe de défiance. Le matin même, escortée par un carabinier, Leslie a rapporté l'argent à la banque milanaise. Une fois de plus, elle essaie d'arrondir les angles et pense comme Egidio que tout n'est pas négatif. L'arrestation de l'informateur va tôt ou tard porter ses fruits.

Je pense, moi, que ce sera bien tard.

22

Partenaires et amis

Le pianiste est pour le violoniste le partenaire par excellence, mais aussi le partenaire obligé : le genre de la sonate le veut ainsi. L'opposition et la complémentarité sonores des deux instruments est une évidence que presque tous les grands compositeurs ont explorée, et leur rencontre a occasionné une littérature foisonnante.

Si quantité de pianistes exploitent merveilleusement les richesses harmoniques, symphoniques de leur instrument, peu savent le faire chanter. Au nombre de ces derniers, je citerai d'abord Pascal Rogé, le premier pianiste professionnel avec lequel je me sois produit. Je rentrais des États-Unis et, juste à ce moment-là, le paquebot *France* entamait une nouvelle grande croisière autour du monde. Pour agrémenter les voyages, la Compagnie transatlantique avait décidé d'organiser des manifestations musicales avec des artistes déjà remarqués. On me proposa un engagement pour deux concerts lors de la traversée Le Havre-New York. J'allais faire équipe avec Pascal Rogé, que je ne connaissais pas. Il venait de remporter, en 1971, à vingt ans, le prix Marguerite-Long.

Je remerciai pour l'invitation, en précisant que je me sentirais plus à l'aise si je pouvais jouer avec mon ancienne partenaire du Conservatoire, Daria Hovora. Quelques jours passèrent, puis je reçus un coup de fil d'un garçon charmant, qui me dit :

— Je m'appelle Pascal Rogé, vous ne pouvez pas savoir à quel point je suis blessé, déçu, parce que Jascha Heifetz représente pour moi dans l'univers musical ce qu'il y a de plus extraordinaire et j'aurais donc aimé jouer avec vous, son élève préféré. Ne serait-il pas possible que je vienne vous voir et que nous fassions une tentative ?

La tentative fut plus que concluante, nous devînmes très vite de grands amis et donnâmes un grand nombre de récitals. Pascal est non seulement un excellent pianiste et musicien, mais aussi – ce qui est rarissime chez un pianiste – un parfait connaisseur du violon. Enfant, il avait commencé par cet instrument, il en jouait fort bien et me donnait souvent des indications sur ce qu'il aurait fait à ma place, des questions de doigtés, de coups d'archet, ce qui rendait notre collaboration riche et fructueuse.

Sur le bateau, en revanche, cela se passa très mal. Le *France* essuya pendant la traversée une effroyable tempête, tous les navires dans le secteur furent invités à rejoindre le port le plus proche, mais le commandant du paquebot reçut l'ordre de poursuivre coûte que coûte, quitte à choisir une route plus longue. Il n'était pas question de renoncer ni de revenir au Havre : il s'agissait d'une croisière de luxe, avec nombre de passagers célèbres, tel Salvador Dalí, venu avec ses deux panthères.

Le pauvre Pascal était malade dans sa cabine, tandis que moi, dans un restaurant désert, servi par trois maîtres d'hôtel blêmes, je me délectais de caviar. Nous réussîmes tout de même à donner un concert sur les deux prévus. Le piano était arrimé à l'aide de cordages sur la scène, j'essayais tant bien que mal de rester debout, avec un stradivarius, le Provigny, prêté par le musée du Conservatoire. Mon partenaire se tenait prêt à saisir le violon : il était convenu que si je sentais que j'allais perdre l'équilibre, je le lui confierais.

Notre premier enregistrement fut réalisé dans des circonstances assez touchantes. Mon ami allait convoler en justes noces. La firme Decca proposa à Pascal Rogé, en cadeau de mariage, d'enregistrer les trois sonates de Johannes Brahms, et il voulut que je sois son partenaire.

J'ai beaucoup travaillé avec un autre pianiste, Michel Beroff. Il avait remporté à dix-sept ans le concours Olivier-Messiaen de Royan. Comme tous mes amis du Conservatoire, j'éprouvais une grande admiration pour ce garçon à qui on prédisait une carrière exceptionnelle. Hyperorganisé, doué d'une énergie illimitée, passant d'un concerto à l'autre sans la moindre difficulté, il était un exemple pour nous tous. Jusqu'à ce jour où cette belle machine que l'on croyait infaillible se grippa : Michel connut de graves problèmes à une main. Le corps a ses limites, le travail de forçat auquel s'astreint un concertiste de haut niveau peut avoir des conséquences graves sur l'organisme. On fait travailler continuellement les mêmes muscles, il faut donc compenser avec de la détente, de la relaxation, un sport qui soit complémentaire. Michel Beroff est un bourreau de travail, il n'a pas pris le temps de préserver sa santé. Heureusement cette pause forcée n'a pas duré trop longtemps, j'ai eu beaucoup de plaisir ces dernières années à retravailler avec cet artiste d'exception.

Nous étions tous de la même génération : je suis de 1949, Pascal Rogé de 1951, Michel Beroff de 1950, et Jean-Philippe Collard, un autre de mes amis pianistes, est de 1948. Gabriel Tacchino, un peu plus expérimenté, est l'un de mes partenaires. Il est un descendant de cette grande école du piano français où s'étaient illustrés une Jeanne-Marie Daré, qui étonnait le public en interprétant plusieurs concertos au cours d'une même soirée, ou un Jacques Février. Jean-Philippe Collard comme Gabriel Tacchino, qui a connu Francis Poulenc et a pu travailler sa sonate avec le compositeur, ont une manière d'aborder le clavier unique au monde, qui donne à leur jeu des sonorités si particulières, une palette de couleurs infinie spécifiquement française.

Quand l'occasion me fut donnée de jouer avec Martha Argerich, une des personnalités les plus fortes de la musique d'aujourd'hui, j'étais sans doute trop jeune encore et manquant d'expérience pour soutenir un dialogue avec elle, mais je sais que j'aimerais rejouer avec elle, et à coup sûr pour un partenariat plus fécond.

Je ne me suis pas retrouvé seulement avec des artistes de ma génération. Ainsi en est-il de ma collaboration avec Alexis Weissenberg. Son intelligence du jeu, de la musique, sa compréhension des œuvres sont stupéfiantes. Ce pianiste hors norme maîtrise les couleurs du piano comme personne, et jouer avec lui fut pour moi un bonheur, une source d'enrichissement extraordinaire. C'est quelqu'un de fragile, comme tous les très grands, et nous n'effectuâmes pas de ces longues et fatigantes tournées à l'étranger, mais les concerts où nous nous produisîmes ensemble, notamment dans Mozart et Brahms, restent pour moi de merveilleux souvenirs.

J'eus aussi la chance de jouer avec le très raffiné et délicat Nikita Magaloff, qui forma tant d'excellents interprètes – dont Martha Argerich. Un soir, à la Tonhalle de Zurich, une des meilleures salles au monde sur le plan acoustique, nous interprétâmes le trio de Mendelssohn. L'élégance du toucher de Nikita Magaloff associée à la noblesse du violoncelle de Pierre Fournier fut sans doute l'un des grands moments de ma carrière de chambriste.

Pierre Fournier est le musicien dont j'aurai le plus appris. Quand je le rencontrai, il était déjà au sommet de la gloire, considéré comme le violoncelliste français le plus accompli, avec André Navarra et Paul Tortelier. Sa sonorité étincelante, la désarmante simplicité de son phrasé l'avaient fait surnommer « l'ange du violoncelle » par un critique extasié, comme Charly Gaul était « l'ange de la montagne ». Il jouait très souvent avec Christian Ferras. Un jour que je remplaçais ce dernier, nous donnâmes avec son fils, Jean Fonda, au piano, le triple concerto de Beethoven. Je me rendis à la répétition un peu inquiet à la pensée que j'allais jouer avec un tel monument, et je découvris un homme très attentif et chaleureux.

Il m'expliqua qu'il avait pensé à moi parce que sa femme m'avait entendu plusieurs fois à la radio et lui avait conseillé :

— Tu devrais absolument jouer avec Pierre Amoyal.

Fournier avait suivi scrupuleusement l'idée de sa femme et, à la fin de la répétition, il me dit :

— Elle a tout à fait raison, nous allons continuer de jouer ensemble.

Sa femme, après avoir été fiancée avec Jascha Heifetz, avait épousé en premières noces le violoncelliste Gregor Piatigorsky, que j'avais connu en Californie.

Autres contemporains et partenaires amis : Pavel Gililov, mon complice des mois d'août à Lausanne, et Janis Vakarelis. Avec tous deux je partage de grandes joies musicales.

J'ai rencontré Mikhaïl Rudy par l'entremise de mon imprésario à l'époque, Michel Glotz. Je me sens très proche de lui, aussi bien pour la place laissée à l'émotion dans un concert que pour la part d'aventure que nous aimons, lui comme moi, y trouver. On ne peut pas faire avec Mikhaïl deux récitals qui se ressemblent : il y a chez lui une inventivité perpétuelle, avec tout ce que cela comporte de troublant, voire de dangereux. Et ce risque partagé, mais presque calculé, est ce que je chéris pardessus tout dans nos rencontres.

Avec Frederic Chiu, s'ouvrit pour moi un autre registre. Pianiste polyvalent, à l'aise dans tous les styles, il déploie des ressources et une approche du clavier modernes et très personnelles. Hors concert, Frederic Chiu est charmant, et il n'est donc pas étonnant que nos collaborations se soient multipliées. Nous nous connûmes par le biais de la firme Harmonia Mundi, à l'occasion d'un disque Prokofiev. J'avais, il y a longtemps déjà, gravé les sonates avec Michel Beroff, nous enregistrâmes ensuite les sonates d'Edvard Grieg et tout récemment, en Californie, celles de Johannes Brahms.

J'ai évoqué le bonheur de ma collaboration avec François-René Duchable, artiste original et attachant, je ne saurais oublier un nom nouveau dans la liste déjà longue de mes partenaires en musique : celui de Bruno Canino, pianiste complet et talentueux, avec lequel j'éprouve un grand plaisir à travailler.

Dans nos relations avec des partenaires de scène, le temps peut jouer de manière négative. À peine quadragénaires, Pascal

Rogé et moi, nous fêtions lors d'un récital au Théâtre des Champs-Élysées, dans la prestigieuse série des concerts dirigée par Jeanine Roze, nos vingt ans de carrière. Nous étions déjà un vieux couple ! Quand nous ne sommes plus étonnés par le jeu de notre partenaire, plus du tout surpris par un tempo, une attaque, un phrasé, il convient de se poser des questions. Le public aime la sécurité, soit, mais il ne déteste pas être un peu bousculé, avec adresse et conviction. J'aime me sentir sous tension, à l'écoute d'un complice qui sache me déconcerter. Avec Pascal Rogé, nous en étions arrivés à une complicité parfaite, trop bien réglée, trop bien huilée, je ne ressentais plus l'excitante inquiétude de l'inconnu. Je sais qu'il poursuit, surtout à l'étranger, une carrière magnifique, j'en suis heureux pour lui : il mérite amplement ses succès, et je me réjouis de rejouer prochainement avec lui à Singapour.

Ce goût pour le risque et l'aventure me semble être le seul moyen de me sentir un musicien vivant. Ces dernières années, le désir d'aller voir ailleurs eut pour conséquence que je ne me suis pas cantonné au petit univers des interprètes classiques. J'eus envie de trouver des partenaires dans d'autres sphères : le théâtre, la chanson populaire, le cirque.

Pour moi, un véritable artiste puise à diverses sources, se nourrit de multiples enseignements qu'il parvient, d'une façon ou d'une autre, à intégrer dans son art comme à restituer dans ses interprétations. Nous devons arriver à faire de nos sons le résumé de nos découvertes. Ma curiosité envers le monde et la vie se traduit ainsi : quand j'ai découvert une sensation, un univers, un climat, je l'entends très vite dans ma musique.

Le réalisateur Jean-Michel Verneiges, passionné par Marcel Proust, eut l'idée de recréer un salon proustien. Lambert Wilson, Jean-Philippe Collard et Augustin Dumay conçurent le spectacle. Le comédien lit des textes de Proust tournant autour de la fameuse sonate de Vinteuil, le public est mis au défi de résoudre l'énigme de son origine. On évoque le plus souvent Saint-Saëns, Fauré, Franck, parfois Debussy. Bien sûr, pour les spectateurs comme pour les connaisseurs, la question reste ouverte. Le personnage de Vinteuil est à l'évidence une synthèse des goûts musicaux de l'auteur.

On me demanda un jour de remplacer Augustin Dumay, qui est un ami de trente ans. Comme l'équipe et moi nous entendons bien, quand l'un de nous deux n'est pas disponible, l'autre le remplace.

Nous avons de belles satisfactions avec ces soirées Marcel Proust, surtout quand elles permettent de marier littérature et musique dans un cadre approprié.

Ma rencontre avec Jaël fut une expérience d'une tout autre nature. Ce duo, formé par la chanteuse et violoniste Coline Pellaton et le compositeur et accordéoniste Thierry Châtelain, était célèbre en Suisse, notamment pour le caractère insolite et atypique de leurs musiques.

Un réalisateur de la télévision suisse romande tourna un film sur ces deux musiciens, qui fut diffusé durant une semaine. Chaque jour un invité-surprise était convié à l'émission. Coline Pellaton avait une formation de violoniste classique et se sentait proche de ma musique. Nous éprouvâmes une sympathie mutuelle l'un pour l'autre et vint naturellement l'idée de faire de la musique ensemble. Nous avons ainsi créé un certain nombre de pièces pour deux violons, voix et accordéon. J'ai toujours eu une attirance pour ce dernier instrument qui a en commun avec le violon d'exprimer avec une force contagieuse certains sentiments comme la tristesse et la mélancolie.

Nos pièces ne sont ni classiques, ni jazz, ni pop, pas tout à fait non plus ce que l'on appelle world music, même si des inflexions de la musique des Andes se mêlent, avec un côté yiddish, à des tournures tziganes des pays de l'Est. En fait, il s'agit de quelque chose de parfaitement inclassable, qui dérouta les disquaires et les organisateurs de concerts. Nous sommes loin, très loin du disque d'or, mais je pris part à cette aventure avec un enthousiasme extrême. Je ne la regrette pas, et reste persuadé qu'un jour on écoutera cette musique d'une oreille mieux préparée.

Au cours de l'année 1990, à Genève, Leslie et moi assistâmes, attentifs et bouleversés, à un spectacle de Buffo, le nom de scène de l'écrivain Howard Buten. J'avais lu ses livres, dont bien entendu le fameux *Quand j'avais cinq ans je m'ai tué*, et entendu parler de son travail auprès d'enfants autistes. Nous avions un ami commun, le luthier Claude Lebet de La Chaux-de-Fonds, qui lui avait offert le petit violon qu'il joue en représentation.

Ce docteur en psychologie le jour et clown le soir – une nouvelle et passionnante mouture de Dr Jekyll et Mr Hyde – nous envoûta littéralement. Nous allâmes le voir à la fin du spectacle et l'invitâmes à souper. Howard nous raconta ses débuts dans la vie.

Enfant, il commença l'étude du violon à huit ans, mais son professeur, Zerounian, était un homme sec et sévère. Par fierté, il tint deux ans. Du reste, il le reconnaît lui-même, il n'était pas doué. La plus grande humiliation pour lui fut quand sa classe joua une pièce pour la fête de fin d'année et que le professeur refusa de l'intégrer à l'équipe. Ce sont des traumatismes qui demeurent. Comme le goût pour la musique : trompette, percussions, guitare, concertino, banjo, Howard s'est essayé à tout.

Howard, très pince-sans-rire, nous expliqua qu'il détestait les clowns depuis toujours. En revanche, le monde du cirque l'attirait. Jeune homme, il fit un stage chez Barnum et, n'étant ni équilibriste, ni jongleur, ni dompteur, il devint clown. Lui, dont l'ego est si développé, a choisi la profession la plus humiliante qui soit : le clown n'arrête pas d'être moqué, ridiculisé, de recevoir des gifles, des coups de pied aux fesses, des seaux d'eau.

Promu clown-chef dans le « célèbre cirque européen Bartok » – un cirque qui n'était ni célèbre ni européen et dont le nom du directeur était Jacobson –, Howard créa Buffo, clown musicien extraterrestre, à l'image du roi des clowns, Grock, qu'il vénère.

Il nous raconta un gag du comique américain Jack Benny, au demeurant bon violoniste, ami de Jascha Heifetz et d'Isaac

Stern. Benny savait admirablement mal jouer de son instrument, un stradivarius. Il paradait sur scène en smoking, prêt à jouer, demandait son violon au régisseur, en blouse et cigare à la bouche. Ce dernier arrivait avec le strad du maître, Benny s'échauffait, exécutait d'épouvantables arpèges au point que le régisseur, agacé par les grincements de son partenaire, revenait sur ses pas, lui arrachait le violon et se mettait à jouer magnifiquement, au grand étonnement de l'assistance.

Quand nous nous quittâmes ce soir-là, une idée avait germé. Quelque temps plus tard, lors d'une tournée au Mexique, j'attrapai un virus qui s'attaqua aux nerfs du bras gauche, le paralysant totalement. Je fus soigné de longs mois, hospitalisé un certain temps et, une nuit, j'eus ce rêve prémonitoire : Buffo et moi allions faire un spectacle ensemble. Quand Howard Buten vint me voir à l'hôpital, je lui parlai de mon rêve, et il me dit :

— Oui, tu as rêvé que nous allons faire un spectacle ensemble. Imagine, j'ai fait le même !

Une fois acquis le principe de notre rencontre, il fallait élaborer le contenu. Et ce n'était pas simple : nous étions l'un et l'autre souvent sur les routes. J'avais des idées grandioses, théâtrales et assez floues : à l'essai, elles ne fonctionnaient pas. J'allai voir René Gonzalez, qui avait lancé Bobigny avec succès, repris le théâtre Gérard-Philipe à Saint-Denis, et dirigeait le théâtre Vidy à Lausanne, un des lieux les plus importants de la scène européenne. Il était d'accord pour nous produire, le spectacle fut commandé, la date de la première fixée. Nous étions loin d'être prêts !

Howard et moi nous décidâmes enfin à abandonner nos prétentions artistiques. Nous mélangeâmes les cartes : à lui la comédie, à moi la musique. Je choisis les pièces, j'engageai un pianiste, ami d'Howard, Paul Coker, et nous répétâmes trois semaines à Cossonay, dans la campagne vaudoise.

Le spectacle fut un immense succès, qui ne se démentit pas. Plus de cent cinquante soirées, presque toujours devant des salles combles. Rien qu'à Lausanne, dix-huit mille personnes assistèrent à cette imprévisible rencontre entre un concertiste et un clown. Aux premiers jours de l'été 2001, à vingt minutes de la capitale vaudoise, à Mézières, en pleine campagne, dans le magnifique théâtre Jorat entièrement en bois datant de 1908, d'une capacité de mille places, nous jouâmes cinq soirs de suite à guichets fermés, pour un public enthousiaste, qui a, dans l'ensemble, peu l'habitude ou l'occasion d'aller au concert. Je sentis là, au cœur de la campagne, et plus que jamais, combien il était impérieux pour les musiciens professionnels de sortir des rites un peu poussiéreux qui entourent l'interprétation de la musique classique pour aller au-devant d'un public qui en est privé depuis toujours sous le prétexte que cette musique ne lui est pas destinée.

La *Sonate pour violon et nez rouge* : c'est l'apparition, dans une soirée violon-piano, d'un personnage qui n'a aucune raison d'être là et qui dérange le bel ordonnancement du récital. Le clown découvre la magie de la musique, le concertiste la loi du cirque. Le musicien accepte de donner une leçon de violon au clown, lequel donne une leçon d'humanité et de tendresse au virtuose trop sûr de lui.

Pour moi, ce fut l'apprentissage de la scène face à un comédien exceptionnellement doué, ainsi qu'un tour de force violonistique – vingt-huit petits morceaux ou fragments m'attendent chaque soir. Tout n'alla pas sans mal au début. Le pianiste eut des problèmes à la main droite. Daniel Blumenthal prit la relève, puis Frederic Chiu, et maintenant Dimitri Naïditch, qui surent tous trois entrer sans excès, mais pleinement, dans le registre de la comédie.

Un soir, après la représentation, une dame me confia, très émue :

— C'est le seul spectacle où je ris et pleure à la fois. Vous me faites pleurer avec votre violon et je ris avec Buffo.

Au-delà de la complicité qui unit le musicien et le comédien, du contraste qui les sépare, l'un des motifs de l'envoûtement du spectateur est cette inquiétante étrangeté qui naît de la combinaison des sons que produit le violon et du silence qui s'attache à la personne du clown. Il n'est donc plus seulement question de bien jouer les notes avec toute la science requise : la musique est sommée de chercher l'âme du public, dans une sorte de transfert subtil et périlleux où culmine son pouvoir émotionnel.

23

Un si long chemin

Été 1990 - 10 avril 1991

Le fameux monsieur X, Fausto Mercatone, la soixantaine avantageuse, se présente comme un collectionneur. Il n'est plus antiquaire, il a vendu son affaire à un ami et déclare jouir de rentes confortables. Les policiers s'intéressent très vite à son ancienne boutique, la Galleria Subalpina, située dans l'un des meilleurs quartiers de la ville. En effet, le nouveau propriétaire, Salvatore Inzeghi, cinquante-sept ans, originaire de Calabre, ne leur est pas inconnu : il a déjà été condamné pour une affaire d'extorsion de fonds.

Les deux hommes sont interrogés séparément. La fouille de la galerie et des appartements respectifs des deux compères ne donne rien. En revanche, dans la voiture de Salvatore Inzeghi, on trouve, bien en vue, l'une des photos du Kochanski. Le cœur sur la main, l'antiquaire prétend que quelqu'un a dû la déposer sur le tableau de bord ! Il est le premier étonné de la découvrir là.

Très vite, les versions des deux hommes diffèrent, chacun chargeant l'autre. L'amitié résiste mal au regard inquisiteur de l'inspecteur chargé de l'interrogatoire. Mercatone raconte que son appartement a été cambriolé et qu'il s'est adressé au détective Mancini, en lui indiquant qu'une seule personne, l'antiquaire Inzeghi, savait qu'il serait en congé la semaine où le vol a eu lieu. Mancini surveille discrètement le Calabrais ; peine perdue.

Puisqu'il a échoué, Mancini refuse d'être payé. Mais, service pour service, Mercatone, qui n'ignore pas que Mancini enquête sur l'affaire du stradivarius volé, lui propose son aide. Il sait qu'Inzeghi est en relation avec des individus qui s'intéressent aux instruments anciens.

En septembre 1989, alors que les deux amis se sont réconciliés, Inzeghi affirme à Mercatone qu'il pense savoir qui détient le Kochanski. Mercatone présente alors Inzeghi à Mancini et considère son intervention comme terminée.

Mais le détective ne l'entend pas de cette oreille. Il se méfie de l'antiquaire et demande au collectionneur de participer à la transaction. Inzeghi arrive un jour avec une série de photos du violon volé au format 12 × 9 : l'instrument est photographié à côté d'un numéro du *Corriere della Sera*. Ces clichés doivent servir à rassurer le propriétaire du violon.

Se méfiant l'un de l'autre, le détective et l'antiquaire demandent à Fausto Mercatone de garder l'une des photos.

— Voilà, conclut le collectionneur, comment on se crée des problèmes sans penser à mal !

En effet, ce cliché est l'élément qui permet de l'incriminer.

L'antiquaire, lui, est totalement impliqué. Et il est mort de peur : ceux qui détiennent l'instrument ne sont pas des anges et Salvatore Inzeghi ne veut pas passer pour l'homme qui les a trahis. Il exige de ne plus apparaître lors d'une éventuelle restitution du violon. Un Calabrais sait ce que signifie la trahison, et le meurtre de Valentino Giordano donne à réfléchir.

Contradictions entre les différentes versions, caractère retors ou timoré des personnes en cause entraînent de nouveaux atermoiements. Et de nouvelles déceptions. J'en suis découragé. À Londres déjà, un malaise m'a terrassé après une répétition avec Pascal Rogé et j'ai dû annuler le récital prévu le soir même au Wigmore Hall. Le grand nombre de concerts en un court laps de temps, une mauvaise grippe contractée au Portugal, mais aussi la somme des contrariétés enregistrées ces dernières semaines ont raison de ma solide constitution. Je rentre en

Suisse avec un double sentiment de frustration : la conscience de ma vulnérabilité me pèse autant que l'échec de l'opération de la police.

Voilà pourquoi, quand, à la mi-juin, Egidio aborde par fax la question de la procédure criminelle qui va s'engager sous la férule du juge Rinaudi, je décide de suivre son conseil et de ne pas me porter partie civile. Quel est pour moi l'intérêt d'être plaignant ? En revanche, les inconvénients sautent aux yeux : je serai entraîné dans des procédures longues et coûteuses. Bien sûr, en agissant de la sorte, je livre l'enquête à Egidio, qui sera désormais le seul à pouvoir m'informer.

Le 23 juin, Leslie rencontre à nouveau l'avocat à Rome. Je suis à Nantes pour un concert de gala avec Alexis Weissenberg et Montserrat Caballé. Cette fois, maître Egidio lui sort le grand jeu : il vient la chercher à l'aéroport pour la conduire à son yacht, où ils déjeunent. Il lui arrive souvent, explique-t-il, de recevoir des clients importants sur son bateau, pour des raisons de confidentialité. En ce qui me concerne, il ignore ma déception devant le peu de résultats obtenus.

Les policiers tiennent pour certain qu'Inzeghi et Mercatone ne savent rien de l'arrangement passé entre Mancini et eux ! Le collectionneur et l'antiquaire sont peut-être des escrocs, sûrement pas des idiots. Les interrogatoires ne donnent rien. On a peu de charges contre eux et, de fait, les deux hommes ne seront entendus par le juge Antonio Rinaudi qu'à la fin du mois de juin.

La police n'a pas plus de chance avec le photographe qui a développé les clichés du violon. L'homme ne se souvient plus de rien, il en développe tellement ! Pourtant, la mise en scène – le Kochanski est présenté à côté d'un exemplaire du *Corriere della Sera* – est volontairement calquée sur celle des photos d'otages, une manière de signature pour l'organisation criminelle qui tire les ficelles en coulisse.

Egidio continue à avancer : il recherche maintenant un homme appartenant à la Mafia calabraise et qui pourrait infiltrer le petit milieu des receleurs de Turin. Il pense avoir trouvé cet individu providentiel dans une prison de Catanzaro et obtient sa libération anticipée sous réserve qu'il accepte de participer à son plan. Cette escalade dans le rocambolesque me laisse dubitatif. Pour moi, la principale conséquence de cette stratégie est la montée en flèche des frais d'enquête.

Afin de relancer l'intérêt pour notre cause, l'avocat propose un rappel aux médias, qui aura surtout le mérite d'exercer une pression positive sur l'opinion en Italie et sur les acteurs du drame. Son carnet d'adresses et ses relations sont un atout de poids.

— Misons sur la presse, me dit-il.

Je suis pleinement d'accord. Le 4 juillet, je reçois la visite d'un rédacteur du groupe Rizzoli de Milan. Avant la visite du journaliste, l'avocat m'adresse par fax une liste de recommandations détaillant les points que l'on peut évoquer et ceux qu'il faudra éviter. Tout ce qui concerne l'enquête et ses développements récents est interdit. Je peux parler des circonstances du vol, de l'histoire du Kochanski, du contexte émotionnel, de mes espoirs de le retrouver bientôt, sans oublier, insiste l'avocat, de souligner l'entière confiance que j'accorde aux juges et aux policiers de Turin...

Je suis quelque peu stupéfait d'entendre ce journaliste évoquer le meurtre de Valentino Giordano et le témoignage de son frère. La presse en saurait-elle donc plus que ne le suppose la police ? Je peux le vérifier dans les jours suivants. Les articles du *Corriere della Sera* et de *La Stampa* sont suivis par des reportages, d'abord dans le reste de la presse italienne (notamment *La Repubblica* et le très populaire magazine *Oggi*), puis dans toute l'Europe : le *Times* de Londres, *El Pais* à Madrid, le *Frankfurter Allgemeine* et bien d'autres journaux français, suisses, belges, etc. Le cabinet d'Egidio est harcelé par des demandes d'interviews, provenant notamment des télévisions canadienne, allemande et américaine.

Il espère ainsi instiller le doute, voire le remords, chez ceux qui séquestrent le Kochanski. Je suis moi-même, un court moment, encouragé par ces marques d'intérêt pour mon affaire : j'ai enfin le sentiment de ne plus être seul face aux criminels.

Pendant quelques jours, dans cette atmosphère d'agitation superficielle, les choses bougent : Polvani tente d'accélérer la procédure, tandis qu'à Rome maître Egidio obtient des plus hautes instances de la police l'assurance qu'à Turin les responsables de l'enquête se verront dotés, en hommes comme en matériel, des moyens d'aboutir.

Puis l'été s'installe... Pendant près de deux mois, calme plat. Sur ce front-là du moins, car je suis très occupé par les récitals, les concerts, les master classes : j'officie à Lausanne toute la première quinzaine d'août, juste après avoir joué le concerto de Sibelius au festival de Montpellier, avec l'orchestre de la radio autrichienne sous la baguette d'Ivan Fischer.

20 septembre. Le juge Rinaudi est remplacé par Ugo De Crescenzo, substitut du procureur de la République au tribunal pénal de Turin. Le moment n'est-il pas venu de relancer la machine après cette trop longue torpeur estivale ? Je demande, par l'intermédiaire de maître Egidio, à rencontrer ce magistrat. Espoir illusoire. Ce juge n'est pas plus pressé de me recevoir que son prédécesseur : le rendez-vous est fixé au 29 octobre... avant d'être reporté à janvier !

Je ne cesse de penser que l'année dernière à la même époque, à l'automne 1989, nous savions de façon sûre que le violon était à Turin entre les mains d'individus prêts à négocier. Mes doutes et mes regrets déteignent sur mes relations avec Leslie : je lui reproche d'avoir pris fait et cause pour la stratégie d'Egidio. Nous sommes passés si près du but, nous avons perdu tant de temps et tant d'argent !

Les divergences de vue entre Leslie et moi annoncent-elles déjà notre future séparation ? Les épreuves qui jalonnent la recherche du Kochanski mettent en évidence des disparités de sensibilité. De cette union il reste aujourd'hui trois adorables petites filles, mes plus belles amours, magnifique cadeau de l'existence.

Pour l'heure, Leslie demeure inébranlable : il faut s'en tenir à la ligne définie par Egidio ; il est absurde de tout casser par impatience. Sentant qu'il devient nécessaire pour moi d'affirmer mon désaccord, j'écris à l'avocat romain une lettre dont je veux les termes mesurés, mais pressants.

Je remercie notre avocat pour les efforts qu'il a consentis et qui ont abouti à l'incrimination de Mancini, d'Inzeghi et de Mercatone, mais je ne lui cache pas qu'il est extrêmement frustrant et décourageant pour moi, son client, de devoir assister, impuissant, aux lenteurs de la procédure italienne, alors que nous étions si près d'aboutir au printemps précédent. Je m'indigne aussi que personne n'ait réussi à tirer la moindre information exploitable des deux prévenus qui, pour avoir pignon sur rue dans les beaux quartiers de la capitale lombarde, n'en sont pas moins de sinistres crapules.

La colère de maître Egidio est à la hauteur de mon dépit. Il me répond le 22 novembre par une lettre de trois pages en italien, qu'il a pris le soin de faire traduire en anglais. Il trouve mes affirmations absolument stupéfiantes (*astonishing*), estime que je n'ai ni la qualification ni le droit de juger du travail accompli par la justice italienne comme par lui-même et ses collaborateurs. Il peut comprendre ma « frustration », mais n'accepte pas mon « indignation ».

Il me rappelle que les autorités policières et judiciaires ont agi avec prudence, en suivant mes propres recommandations : ne rien tenter qui pût mettre en danger l'intégrité « physique » du Kochanski.

Dans la hiérarchie du crime, insiste-t-il, le vol du stradivarius et les minables tentatives d'extorsion de fonds qu'il a entraînées ne pèsent pas lourd. Pourtant, cette affaire a été l'objet, de la part des carabiniers et des juges de Turin, des plus grandes attentions. N'a-t-elle pas, en plus de progrès sensibles dans l'enquête, bénéficié d'une immense et imprévisible couverture médiatique internationale ?

L'avocat confie à ma femme qu'il est à deux doigts de tout abandonner.

L'année 1990 s'achève sur cette discorde.

Fin janvier 1991, je me rends à Turin, dans le bureau du juge Ugo De Crescenzo, où m'attend, impassible, Egidio. Ce dernier ne laisse rien paraître de ses sentiments, en homme élégant qu'il est, mais je sens qu'il apprécie mon désir de renouer. Rien de vraiment neuf ne sortira de cette réunion. Toutefois le juge, un personnage vif et affable, me fait bonne impression et se déclare enchanté de me rencontrer. Dans ce genre de cas, me dit-il, on travaille toujours mieux quand on connaît la victime.

À la mi-février, je lui adresse un mot très cordial pour exprimer ma reconnaissance. Je le remercie du temps qu'il m'a consacré et des explications qu'il a bien voulu me donner. Ai-je pu, de mon côté, lui fournir des éléments susceptibles de l'aider dans son travail ? J'ajoute, non sans une certaine insistance dont j'espère qu'elle portera ses fruits :

> *Ce violon représente pour tout homme sensible un patrimoine artistique inégalable ; il représente aussi pour moi douze années de travail intensif. Je place entre vos mains et celles de la justice italienne tout espoir de le retrouver.*

Quelques jours plus tard, j'apprends par un fax d'Egidio que le substitut du procureur, suivant le nouveau code de procédure pénale en usage en Italie, a transmis au magistrat chargé de l'enquête préliminaire la demande d'incarcération des trois individus impliqués dans la tentative d'extorsion – Mancini, Mercatone et Inzeghi. Je sais par diverses indiscrétions que l'antiquaire déclare à qui veut l'entendre qu'il ne supporte pas la prison. Peut-être se décidera-t-il enfin à parler ?

Une semaine s'écoule. Je m'envole pour Israël, mon pays de prédilection, pour une tournée de dix jours avec l'Israel Sinfonietta dirigé par Mendi Rodan, quand Leslie reçoit un nouveau fax de l'avocat romain. Elle l'appelle à son bureau dans la soirée.

Serions-nous prêts à offrir une récompense, et de quel montant, à toute personne dont l'intervention nous permettrait de retrouver le violon en bon état ? Il va de soi que nous sommes d'accord.

Maître Egidio tient à en avoir la confirmation écrite. Dès le lendemain, Leslie envoie à Rome un fax dans ce sens.

Nous brûlons. Mais garde-toi de nourrir un espoir exagéré ! me répété-je. Il m'est arrivé si souvent, ces deux dernières années, de savourer trop tôt un moment qui ne cesse de se dérober, et plus amère à chaque épisode a été la désillusion.

18 mars 1991, une heure avant que ne débute le concert de Tel-Aviv, coup de téléphone de Leslie. Elle vient de recevoir un appel de notre avocat. Egidio veut savoir de façon urgente si les cadrans des deux montres Cartier qui se trouvaient dans l'étui du Kochanski au moment du vol sont carrés ou ronds.

Je réponds avec certitude. Que la question soit posée est une formidable avancée. J'essaie de garder la tête froide, mais, ce soir-là, je joue Ravel et Saint-Saëns dans un état second, la tête ailleurs. À la fin du concert, alors que le public, enthousiaste, applaudit, je considère mon Milanollo d'un air perplexe, comme s'il avait joué sans moi, avec la même aisance et la même ferveur. Que veut-il me prouver ?

24 mars, retour d'Israël. J'ai eu raison de ne pas m'exalter trop vite : aucune nouvelle de Rome. Dix jours plus tard, je repars pour un concert à Mexico, avec l'Orchestre symphonique national du Mexique dirigé par Enrique Diemecke.

Le 9 avril, je me trouve dans l'avion du retour, donc loin du lac Léman. Je ne m'attarde pas à Paris et prends la première correspondance pour Genève. Leslie m'attend. Je m'installe au volant de la voiture, cela m'apaise de conduire. Au moment où je vais démarrer, elle me tend une enveloppe. Sur un bristol, elle a collé une photo du Kochanski et écrit ces quelques mots :

Je suis un peu poussiéreux, mais viens me chercher à Turin.

Je la regarde, incrédule.

D'un mouvement de tête, elle confirme la bonne nouvelle. On a retrouvé mon violon ! Je la prends dans mes bras et fonds en larmes.

Cela ne m'arrive pas souvent. Éduqué en garçon, on m'a tôt interdit les larmes. J'ai pleuré secrètement après avoir joué avec Herbert von Karajan le *Concerto à la mémoire d'un ange* ; à la naissance de mes quatre enfants ; un peu quand j'ai franchi la ligne d'arrivée du marathon de New York. J'ai trop longtemps attendu de pouvoir extérioriser mes sentiments pour m'en priver maintenant que j'ai compris qu'un homme ne se diminue pas en avouant ses faiblesses.

Sur le chemin du retour, Leslie me raconte le dénouement de cette douloureuse aventure, commencée il y a maintenant presque quatre ans, jour pour jour. Tôt dans la matinée, Egidio l'appelle : les carabiniers ont retrouvé le stradivarius intact, avec les quatre archets. Il ne peut lui donner les détails, mais pour le moment exige la plus grande discrétion. Il a convoqué une conférence de presse, le temps que je rentre du Mexique. Il souhaite visiblement piloter toute l'opération.

Déjà la rumeur court, venant d'Italie. Malgré toutes ses précautions, Egidio est battu en brèche par la malice rongeuse et affûtée des paparazzis. Le téléphone ne cesse de sonner. Dès quatorze heures, ce jour-là, l'AFP, France Inter et France Info appellent à la maison, Leslie ne peut que confirmer la nouvelle. Puis c'est le tour des Suisses. Une journaliste de *La Tribune de Genève* demande un entretien exclusif. Comment refuser ? C'est l'amie de Mikhaïl Rudy !

Il est sept heures du soir, la journaliste et le photographe nous attendent. J'ai les yeux tout rouges, je me précipite dans la salle de bains pour me passer le visage sous l'eau : il faut être présentable pour les lecteurs de la *Tribune*. Je dis ma joie de retrouver bientôt mon merveilleux compagnon, le Kochanski, et réponds de mon mieux aux questions de la rédactrice. Je ne peux malheureusement lui raconter que ce que je sais, c'est-à-dire pas grand-chose. J'espère en apprendre davantage à Turin.

Après leur départ, j'aimerais pouvoir décompresser. Il n'en est pas question. Egidio a convoqué la conférence de presse le lendemain à dix heures du matin, je préfère prendre la route pour Turin tout de suite.

Je dors très peu cette nuit-là. Je suis sur les nerfs, impatient : la silhouette indécise et fragile du stradivarius me tend les bras.

Au petit jour me revient l'étrange histoire du stradivarius volé de Bronislaw Huberman. Ce violoniste, né en 1882 et qui fut l'un des grands virtuoses de la première moitié du XXe siècle, donnait un récital à New York en 1936. Un jeune violoneux de brasserie se mit en tête de voler le strad du grand artiste. Il réussit à s'introduire dans la loge de Huberman peu avant le concert, s'empara du violon et disparut. Le lendemain, la presse new-yorkaise fit ses gros titres du vol et notre homme se rendit compte du risque qu'il courait en exhibant le célèbre instrument dans les cafés qui l'employaient. Il recouvrit le violon d'un nouveau vernis; camouflage parfait. Pendant des années, ce triste individu joua dans les bars et les dancings, seul à savoir qu'il se produisait avec le fameux stradivarius de Huberman.

En 1947, le virtuose mourut, sans avoir jamais su ce qu'était devenu son violon. Les années passèrent. Le voleur, qui n'était plus tout jeune, se mit en ménage avec une femme qui avait une petite fille de cinq ans. Un jour, l'enfant vit un reportage à la télévision sur la pédophilie et dit à sa mère en pleurant :

— Regarde, maman, c'est ce que papa me fait.

Effondrée, la femme appela la police. L'homme fut arrêté et condamné. En prison, il se découvrit atteint d'un cancer. Sentant sa fin proche, il demanda à voir sa compagne.

— Il me reste un mois à vivre. J'ai deux choses à te dire. D'abord, acceptes-tu de m'épouser?

Elle accepta.

— Deuxième chose. Tu vas hériter de mon violon. Il n'a l'air de rien, mais il vaut des millions. C'est le stradivarius de Huberman que j'ai volé il y a très longtemps.

Après sa mort, la femme alla chez un luthier avec le violon. Celui-ci devina, sous la couche de vernis, un instrument ancien. Il envoya des photos à un expert londonien, qui authentifia l'instrument comme étant le Huberman. Le luthier prévint les assureurs – qui étaient les propriétaires du violon, puisqu'ils avaient dédommagé le virtuose – que l'on avait retrouvé le Huberman. La femme fut récompensée de son honnêteté et obtint un quart de la valeur de l'instrument.

Je n'envie pas le sort de Bronislaw Huberman. S'il a reçu un dédommagement de l'assurance, il a perdu à jamais le stradivarius qui porte son nom. Ce 10 avril 1991, je vais retrouver mon compagnon.

Une voiture des carabiniers vient nous chercher un peu avant dix heures pour nous conduire à la caserne San Carlo, via Giulia di Barolo. Je suis ému, très nerveux, encore inquiet. Et si ce n'était pas le Kochanski ?

On nous conduit, Leslie et moi, au deuxième étage, dans le bureau du lieutenant-colonel Gallitelli, commandant la brigade. Ses adjoints, d'autres officiers, sont présents également, tous en tenue de gala, ainsi que maître Egidio et un petit nombre de journalistes triés sur le volet, notamment les correspondants du *Corriere della Sera*, de *La Stampa* et du magazine *Oggi*. Un cameraman de la RAI Uno filme la scène.

L'étui est posé sur le bureau. Je retiens mon souffle, je soulève le couvercle, reste un instant immobile à contempler l'instrument. Nul besoin de vérifier les points de détail, je sais que c'est lui. Pour la caméra, je saisis le violon, m'approche de la fenêtre, le regarde sous toutes les coutures et me tourne vers les carabiniers, suspendus à mes lèvres :

— *No question.*

Je retire la corde du *ré* qui est cassée, la remplace par une autre conservée dans l'étui. Puis je les accorde une à une : d'abord incertains, les sons que j'obtiens en les pinçant commencent à s'affermir, à s'affirmer. Mais je me refuse à poser l'archet sur les cordes. Ce n'est pas seulement l'émotion, simplement il est encore trop tôt. Je ne peux éveiller mon stradivarius brutalement en public après ce long silence de quatre ans. Le désappointement des policiers et des journalistes est évident, je suis navré pour eux, mais je dois agir d'une façon progressive, avec douceur et dans la plus grande intimité.

Pour remercier les carabiniers – à qui je dois, après tout ce qui s'est passé, plus que de la reconnaissance –, et leur faire oublier cette petite frustration, je surprends tout le monde en annonçant que mon premier concert avec le Kochanski sera pour eux, à Turin. J'espère pouvoir l'organiser avant l'été au Teatro Regio avec l'Orchestre symphonique national de la RAI.

Je remets l'instrument dans son étui à contrecœur. Je sais qu'il va être retenu quelques semaines encore à Turin, comme pièce à conviction. Mais je n'ai pas le temps de m'en affliger : nous voilà conduits dans une autre salle, beaucoup plus grande, remplie à craquer de journalistes, de photographes et d'uniformes. Les flashes crépitent, une douzaine de chaînes de télévision du monde entier ont planté leurs caméras. Je ne suis pas agoraphobe – ce serait paradoxal pour un concertiste –, mais la foule, le tohu-bohu, me tournent la tête.

Sur une petite estrade, d'autres responsables des carabiniers répondent aux questions sur le déroulement de l'enquête et l'opération qui a permis de récupérer le violon. On a arrêté trois personnes convaincues de recel. Je suis reconnaissant à l'avocat, qui me suit comme mon ombre, le visage lisse et souriant, de m'épargner la conférence de presse officielle. On m'introduit dans une salle plus petite où je réponds à plusieurs journalistes, tantôt en anglais, tantôt en français, parfois même en italien.

— Je n'ai jamais eu vraiment peur qu'il subisse des dégâts irréversibles, dis-je à l'envoyé spécial du magazine *Oggi*. Même le moins avisé des ravisseurs devait en connaître la valeur. À moi maintenant de retrouver mon violon en douceur. Cela va durer des mois. Je vais faire exactement comme quand nous nous sommes rencontrés.

Egidio a préparé et contrôlé ce rendez-vous avec la presse, et cela tout en restant en retrait, laissant aux carabiniers le soin de donner les détails, de récolter les éloges et les remerciements. Il n'est pas homme à solliciter des marques de gratitude, pourtant légitimes. Il y a là, dans le fait de refuser de paraître et de parader, de l'élégance et, surtout, une grande intelligence tactique. Qui se manifestera également dans sa manière de raconter les événements.

Le Kochanski est resté près de deux ans entre les mains de Valentino Giordano. Ce dernier semble avoir longtemps hésité sur la meilleure façon de s'en débarrasser. Truand solitaire, il s'attire la haine de la Carnazza qui finit par l'assassiner. Mais les mafieux en sont pour leurs frais : quelque temps auparavant, aux abois, le jeune voleur a vendu à un prix dérisoire l'instrument à un vieil antiquaire peu regardant. L'homme meurt, de mort naturelle, peu avant l'exécution de Giordano. Ses héritiers découvrent le violon et comprennent qu'il y a de l'argent facile à gagner.

Toute l'histoire se confine désormais au cercle très fermé des receleurs turinois, dont la plupart sont d'origine calabraise. Plusieurs d'entre eux, et notamment Salvatore Inzeghi et son ami Fausto Mercatone (ex-monsieur X), le collectionneur, sont sur la brèche. Mais un certain Ugo M. est plus rapide et récupère le stradivarius à un prix défiant toute concurrence.

L'histoire arrive aux oreilles de Mercatone, qui sait que le violon est recherché par un privé turinois. Avec l'aide d'Inzeghi, il commence à négocier avec le nouveau propriétaire, tout en engageant une transaction avec Mancini.

C'est à ce moment-là qu'interviennent les carabiniers, commandés par le lieutenant-colonel Leonardo Gallitelli, le capitaine Mariano Mossa et le lieutenant Paolo Zito.

Une fois Mercatone et Inzeghi à la disposition de la justice, il ne leur reste qu'un moyen d'échapper à la prison : collaborer avec elle. Tout le problème est de mettre le receleur en confiance. Egidio obtient, pour ce faire, la libération conditionnelle d'un Calabrais condamné pour recel et qui accepte le rôle peu gratifiant d'indicateur. Après de longues négociations, un rendez-vous entre les deux parties est fixé fin mars à l'église Santa Margherita sur la rive droite du Pô.

Fausto Mercatone, qui joue le rôle de l'acheteur, arrive à l'heure prévue avec une mallette pleine de grosses coupures. Il prend place dans la nef, pose la mallette à côté de lui sur le banc. Ugo M. ne joue pas, lui, son personnage de vendeur. Il se gare devant l'entrée principale. C'est un homme méfiant et rusé. Le bedeau qui s'active dans le fond de l'église lui paraît un peu trop martial, comme ce jeune prêtre qui se dirige à grandes foulées vers un confessionnal.

Ugo s'avance vers Mercatone, l'étui du violon à la main, lui fait signe de se lever et de s'approcher du maître-autel. Il s'assied derrière le collectionneur, qui lui montre les billets. Au même moment, mais pas tout à fait dans le bon tempo, apparaissent les carabiniers dans le fond de l'église, tandis que d'autres policiers bloquent l'entrée latérale.

Ugo n'a pas choisi l'église Santa Margherita au hasard. Il en connaît les moindres recoins. Avec une audace incroyable, il bouscule Mercatone, s'empare de la mallette et, tenant toujours fermement la boîte du violon, se précipite dans le chœur et l'entrée de la sacristie, dont il verrouille la porte derrière lui. Il sort par une petite porte rarement utilisée, qui communique avec l'arrière de l'église. Là l'attendent, dans une grosse Lancia, Renzo T., mécanicien à Sorgono, et sa femme Rina. Le trio démarre sur les chapeaux de roues, et s'engage dans une rue étroite à sens unique. Pas de chance, un camion de blanchisserie leur barre le passage, une marche arrière désespérée ne sert à rien : les carabiniers sont sur leurs talons. Ils se laisseront appréhender sans résistance.

Ugo M., petit commerçant retraité, a déjà eu maille à partir avec la justice. La ligne de défense qu'il choisit peut sembler naïve, mais il n'en démordra pas : il prétend que le violon lui appartient, qu'il en joue régulièrement – il propose même une démonstration – et que, d'ailleurs, il devait se rendre chez un ami pour un petit concert.

Le mécanicien, lui, se montre plus spontané :

— *Mi aveve fottuto !* (Vous m'avez possédé), dit-il aux policiers.

Mancini et ses amis échappent à la réclusion, mais Ugo M. est reconnu coupable de recel et de tentative d'extorsion de fonds au procès qui se déroule à l'automne 1993. Je n'y assiste pas. Il est condamné à deux ans de prison ferme ; son complice, Renzo T., à dix-huit mois. Je n'éprouve aucune haine envers ces gens : ils ont passé leur existence dans des trafics douteux et ont choisi leur voie. Je ne demande qu'une chose : qu'ils sortent de ma vie ; ils n'auraient jamais dû y entrer.

Au printemps 1991, je suis donc un violoniste heureux, jouant deux stradivarius. En achetant le Milanollo à un moment de ma vie où je doutais de jamais retrouver le Kochanski, je redécouvrais la volupté de jouer sur un instrument à l'étincelante sonorité, mais en même temps je devais assumer les conséquences d'un transfert troublant : je jouais le violon d'un ami, je cohabitais avec lui dans l'âme de l'instrument. Depuis, il m'arrive de penser naïvement : j'ai tellement souffert qu'être propriétaire de ces deux violons fabuleux n'est que justice.

Cependant, une période étrange et compliquée commence pour moi avec ces deux strads d'exception, un peu comme pour ces hommes indécis, partagés entre deux femmes et qui supportent mal leur bigamie. Qui a deux femmes perd son âme, qui a deux violons perd la raison.

Je me demande toujours, pour telle ou telle partition, lequel convient le mieux. Un jour, je dois me rendre aux États-Unis pour un concert à Pittsburgh, et notamment jouer Ravel et Chausson dans une salle immense – Pleyel en plus grand – qui porte le nom de la firme Heinz (le ketchup !), laquelle a financé sa construction. Comme le Milanollo a un son plus tranchant, plus directionnel, je pense : pour interpréter *Tzigane* dans une telle salle, c'est lui qu'il me faut. Sur le point d'arriver à l'aéroport de Genève-Cointrin, j'ai l'impression que le Kochanski, resté à la maison, m'envoie des ondes et qu'il me conseille :

« Non, tu te trompes, c'est moi qui dois jouer à Pittsburgh. » Je fais demi-tour pour aller chercher le Kochanski et je donne dans cette ville l'un de mes meilleurs concerts.

Dans cette incertitude pendant près d'un an, je me résous à mettre fin à cette situation perverse. Je vends le Milanollo à un collectionneur de Venise. L'homme possède déjà son jumeau (je rappelle que les sœurs Milanollo avaient chacune leur stradivarius), il peut ainsi reformer le couple. Mais le nouveau propriétaire est obsédé par le petit trou qu'a dans son dos ce violon, et dont personne à l'époque ne sait s'il s'agit d'un défaut consécutif à un choc ou le logement d'un ver installé dans le bois. Il le remet en vente peu de temps après l'avoir acheté.

Par un curieux hasard, ce violon revient à Lausanne. Un jour, un collègue du Conservatoire m'appelle pour me dire qu'un médecin de ses amis aimerait rejouer du violon et prendre des leçons avec moi. Jeune homme, il était très doué et avait envisagé un moment une carrière professionnelle. Il en avait décidé autrement, s'était lancé dans la médecine, tout en restant attiré par la musique, et avait réussi brillamment puisqu'il était devenu une sommité dans son domaine. Le médecin m'explique au téléphone que le violon reste sa passion. Je lui donne rendez-vous au Conservatoire et, avant de raccrocher, il ajoute :

— C'est gentil d'accepter. Vous aurez une surprise.

Il vient dans mon studio, ouvre la boîte de son violon. Je reconnais immédiatement le Milanollo. Caprice du destin : le voilà revenu, après un étonnant périple, à Lausanne. Il m'arrive de le jouer, son nouveau propriétaire et moi sommes devenus amis.

Ce médecin est amoureux de son instrument et, comme il dispose d'un scanner ultramoderne, il a découvert, très formellement, que la marque au dos, sans aucune incidence sur la qualité acoustique de l'instrument, est bien la caverne désertée d'un petit ver, locataire peu scrupuleux.

Ne dites jamais « jamais » : la ferveur de l'espoir peut parfois réaliser l'impossible. Mon grand-père affirmait que dans la vie on doit tout mériter. Il me semble avoir mérité cette merveille d'érable et de sapin conçue il y a près de trois siècles par Antonio Stradivarius, un génie comparable à Léonard de Vinci. Je ne trouve pas injuste le bonheur de le retrouver tous les matins dans ma chambre d'hôtel quand je voyage.

Avant le vol, ce violon avait peut-être plus de présence sur scène que celui qui en jouait, tellement je le vénérais et l'aimais. Aujourd'hui, après ce que nous avons vécu tous les deux, nous partageons pleinement et avec un équilibre véritable la responsabilité et le bonheur de tout ce que nous faisons ensemble : concerts, récitals, enregistrements.

Voilà un fait divers qui aura connu une heureuse conclusion. Peut-être le destin a-t-il voulu que je sois séparé de mon compagnon, puis que je le retrouve pour en jouer différemment ? Je repense au mot de Jascha Heifetz : la gloire, je l'ai connue jeune, et le désastre a pris la forme du vol de mon stradivarius. Maintenant que les choses sont rentrées dans l'ordre, je n'ai plus à me soucier ni de l'une ni de l'autre.

24

La dernière leçon

Je me suis souvent demandé si ma vocation de violoniste ne m'était pas venue du désir de chanter, désir que je n'avais pu satisfaire, n'ayant pas reçu ce don. Le violon serait alors une sorte de transplant de l'organe vocal. On découvre un jour qu'il existe un instrument proche de ce que l'on considère comme la voix idéale, et c'est ainsi que l'on s'attache à cette étrange et fragile petite caisse de résonance appelée violon.

Un apprentissage est d'abord mimétique : on regarde le maître, on l'écoute, puis on l'imite. À peine lancé dans la carrière, je considérai très vite comme un devoir de transmettre ce que j'avais reçu du plus grand des maîtres, et bien sûr pas seulement sur le mode de l'imitation. La leçon de Jascha Heifetz, et à travers lui des professeurs successifs qui l'avaient formé et dont le savoir violonistique s'était capitalisé en sa personne, devait trouver en moi un nouveau relais.

Ainsi, après avoir été le plus jeune premier prix du Conservatoire national supérieur de Paris, j'en devins à vingt-huit ans le plus jeune professeur. Pour le violoniste que j'étais, enseigner là correspondait à une sorte de rêve. Quand j'étais enfant, le Conservatoire de Paris était un bâtiment dans lequel tant de musique avait vibré ! Le 14, rue de Madrid est une adresse que tous les musiciens ont vénérée pendant des années. Nous imaginions la silhouette voûtée de Gabriel Fauré, qui fut l'un de ses directeurs, errant dans les couloirs. Le fait de revenir comme maître dans ce lieu où j'avais suivi des cours quand j'étais enfant, au milieu d'adolescents et de jeunes gens beaucoup plus âgés et dans une atmosphère à la fois studieuse et joueuse que j'adorais, était comme un retour aux sources.

À l'époque, le système de nomination était assez rude. Une commission de quarante personnes choisissait les nouveaux professeurs. Le directeur sollicitait des candidatures, et celles-ci, une fois acceptées, étaient soumises à cette commission. Les musiciens confirmés, professeurs, administrateurs et personnalités extérieures qui la composaient siégeaient pendant plusieurs semaines. Je fus très étonné d'être nommé aussi tôt, mais contrairement à ce que parfois je pus craindre, cette nouvelle et lourde responsabilité ne fut pas un handicap pour ma carrière de concertiste.

Je ne choisis pas mes quinze élèves. Les jeunes gens reçus parmi les premiers au concours, lui aussi très sélectif, avaient le privilège d'opter pour un professeur avec lequel ils souhaitaient se former : mariage un peu forcé entre un maître et ses étudiants. J'eus des élèves merveilleux, d'autres avec lesquels je travaillais avec conscience mais sans passion.

Je vécus des moments intenses dans cette institution, mais au fond elle était trop grande pour moi, avec des contraintes administratives pesantes. Dans le même lieu, on essayait de former des interprètes de tous les niveaux, un peu comme si, dans une école de conduite, on apprenait aux uns le métier de chauffeur de taxi, aux autres celui de pilote de Formule 1.

Ma collaboration avec mes collègues était très agréable. Certains étaient célèbres, comme Maurice André, Jean-Pierre Rampal, Christian Ferras : à l'époque, enseigner au Conservatoire de Paris était un honneur. Même si, matériellement, le prestige était moindre : la France est l'un des pays d'Europe où les professeurs de musique sont les plus mal rétribués.

Quand je fus nommé, le directeur était Raymond Gallois-Montbrun, homme très cultivé, violoniste et compositeur raffiné, tolérant et ouvert, que j'avais connu enfant chez Carmen Forte, puis au conservatoire de Versailles, et avec lequel je m'entendis fort bien. Sous son mandat, de 1962 à 1983, le Conservatoire jouit d'un grand rayonnement à l'étranger. Des directeurs plus jeunes, plus carriéristes, lui succédèrent. Ils avaient des idées bien arrêtées sur tout, par exemple sur la place de la musique contemporaine, et voulurent les imposer à l'institution. Cela créa, et suscite encore, des conflits et des polémiques interminables. La musique contemporaine est la continuité naturelle de l'histoire de la musique. Défendue par des personnalités sectaires, qui en ont une vision fermée – « Il n'y a de musique d'aujourd'hui que sérielle, ou spectrale, ou expérimentale » –, elle divise les musiciens entre jeunes et vieux, ceux qui sont dans le vent et ceux qui sont sans intérêt. Si le responsable de l'école s'accroche obstinément à une définition étroite de la contemporanéité, l'ensemble de la maison se recroqueville. Le Conservatoire souffrit de cette situation et perdit de son rayonnement.

Nombreux ont été ceux qui choisirent de partir. Et, après dix ans passés rue de Madrid, je fis le même choix. Il est vrai aussi que ma carrière de concertiste international mordait un peu trop sur ma disponibilité pédagogique. Je continuais de penser que le désir et le devoir d'enseigner accompagnaient mon travail de soliste. Mais je devais trouver une structure plus légère, plus souple, qui corresponde mieux à mes aspirations.

À cette époque, je partis vivre en Suisse. Je participais depuis plusieurs années à l'Académie d'été de Lausanne. Tous les mois d'août, je séjournais quinze jours au bord du lac Léman. C'était bien sûr très conventionnel – la définition même d'une académie –, des professeurs de haut niveau arrivaient du monde entier pour diriger des master classes d'instruments. Je finis par tomber amoureux de cette côte vaudoise où le climat est doux et modéré comme la pression fiscale, et je n'eus plus envie de rentrer à Paris. Dans le même temps, le directeur du conservatoire de Lausanne voulait renforcer son équipe en engageant un violoniste de renom. Les choses se sont donc faites très naturellement. Et quelques années plus tard, avec Alexis Weissenberg, je relançai cette Académie d'été dans une nouvelle formule.

À la fin des années 1980, il s'agissait d'un conservatoire modeste, par ses dimensions et ses choix pédagogiques. Je fus très chaleureusement accueilli par le directeur, Jean-Jacques Rapin, un ancien colonel de l'armée suisse, un homme droit, intègre et passionné de musique. En très peu de temps, je vis cette maison se développer de façon spectaculaire, d'abord par l'aménagement de nouveaux locaux dont l'élégance et l'audace architecturales séduisent tous les visiteurs, avec des studios spacieux et ultramodernes à l'acoustique modulable. La ville et le canton offrirent à cette institution les moyens de ses nouvelles ambitions. Ainsi, un beau jour, soixante-dix-huit nouveaux pianos de concert furent livrés par la maison Steinway – la plus grosse commande jamais enregistrée par la firme ! J'avais trouvé là l'outil de travail dont rêve tout musicien professionnel.

Trois villes – Berne, Zurich et Bâle – se disputent le leadership alémanique. Pour moi, les racines de la vraie Suisse se trouvent à Lausanne, mieux qu'à Genève, qui a peut-être perdu son âme à force de faire les yeux doux à la France et à l'étranger. Lausanne est une ville de paysans qui sont devenus bourgeois, sans pour autant s'enfermer dans une mentalité de nantis. La stabilité économique et sociale rencontre ici un appétit de culture comme on en voit rarement ailleurs. Lausanne possède un public qui aime le théâtre, la danse, la musique, la peinture, ouvert à toutes sortes d'aventures. C'est ici que put naître mon spectacle avec Buffo, vu par dix-huit mille personnes, soit près d'un dixième de la population.

La richesse et la vitalité du tissu urbain, fruit du travail de quelques personnes au nombre desquelles j'aimerais citer la très dynamique et créative Marie-Claude Jequier, responsable des affaires culturelles, offrent ainsi à mes étudiants un lieu favorable à l'éclosion de leur talent.

De son côté, au niveau cantonal, Brigitte Waridel catalyse toutes les bonnes énergies pour le rayonnement culturel de notre région. Par leur enthousiasme et leur compétence, ces deux femmes exceptionnelles ont su générer auprès d'un Maurice Béjart ou d'un René Gonzalez de nouveaux courants créateurs.

Voilà quinze ans que je suis professeur au Conservatoire de Lausanne. J'y ai trouvé mes marques. Les élèves qui vont travailler avec moi, une dizaine, je les choisis, non seulement en fonction de critères musicaux, mais aussi pour leurs qualités humaines. Ce qu'il y a d'unique ici, c'est que je peux prendre en apprentissage un étudiant de vingt-cinq ans en fin de parcours qui prépare les grands concours internationaux comme un enfant de douze ans qui me semble avoir des dispositions hors du commun.

Mesurée à l'attente de ses élèves, la responsabilité d'un professeur est énorme. Ils viennent chercher tant de choses, et d'abord aussi une connaissance d'eux-mêmes, de leur potentiel. Il s'agit pour nous d'être attentifs à leur type de sensibilité, tout en leur inculquant le sens de la discipline artistique, ces habitudes journalières qu'ils hésitent parfois à adopter. C'est là que je ressens à quel point l'enseignement est un bienheureux devoir. Il me faut communiquer aux nouvelles générations ce que j'ai reçu, même si pour elles Jascha Heifetz est une sorte de dinosaure d'un monde disparu.

Au concert, la sanction est immédiate : le public réagit, approuve, applaudit ou marque sa déception. L'enseignement n'apporte pas de réponse immédiate : on ne saura que bien plus tard ce que l'élève a fait de ce qu'on lui a dit, et combien de temps vos conseils pourront lui servir. Pourtant le professeur connaît des joies parfois surprenantes. Dix, quinze ans après, dans le regard ou la réflexion d'un ancien étudiant, il s'aperçoit qu'il a réussi à transmettre quelque chose d'essentiel.

On me demande souvent comment je débusque un futur talent. Il n'y a pas là de science exacte, mais le regard d'un enfant qui écoute de la musique ne trompe jamais. On y lit sa sensibilité, son émotion, son désir de faire. Et aussi son attention au silence : le silence d'avant le concert (l'interprète arrive sur scène, pose l'archet sur les cordes), et le silence après la dernière note.

La coordination des mouvements compte beaucoup pour un violoniste. La dextérité de la main gauche, la souplesse et l'équilibre dans l'accompagnement du bras droit, l'indépendance des mains résultent d'un entraînement continu, mais il est certain qu'au départ il existe une prédisposition physiologique et neuronale. Certains enfants étonnent leur entourage par cette relation physique immédiate qu'ils entretiennent avec leur violon.

Cependant l'intelligence requise n'est pas seulement physique et rationnelle. La souplesse et la justesse des doigts, la compréhension de l'instrument, la maîtrise technique permettent assez rapidement au jeune élève de tirer de son instrument des sons purs et beaux. Il faut également qu'il ait l'esprit analytique pour décrypter les partitions. Je consacre beaucoup de temps à lire les partitions, à chanter les sons dans ma tête : j'étonne toujours les gens qui m'entourent car je chante du matin au soir. Installer ces sons dans le physique demande une grande maîtrise de l'instrument. Le choix entre des timbres, des sonorités différentes, fait de l'approche de l'instrument un véritable jeu intellectuel.

Il y a aussi ce que j'appellerais l'intelligence du cœur : comprendre les sentiments qui ont animé le compositeur de l'œuvre et chercher à ce que nos propres vibrations soient en accord avec les siennes. Travail long et subtil : on peut, pendant vingt ans, être déconcerté par le mouvement lent d'une sonate de Schubert puis, un jour, un tableau, une phrase, un paysage, établissent un lien entre ces mesures et l'émotion ressentie par le compositeur en les écrivant. C'est cette intelligence-là qui me fascine, et c'est elle que le public vient rencontrer au concert.

J'ai joué récemment une sonate de Brahms qu'il a composée au bord du lac de Thun. J'y suis allé, j'ai contemplé le paysage joyeux que Johannes Brahms avait sous les yeux. Quand je joue cette pièce, je ne pense plus aux notes. Je pense à ces visions du lac.

Glenn Gould parlait d'une intelligence extratactile et conseillait à ses élèves de se tenir d'abord loin du clavier. C'est encore plus vrai pour le violon. Nous le portons dans les bras, comme un enfant. Il conserve en lui des émotions, des traditions, un peu d'histoire de la musique. Personne n'utilise le piano de Beethoven, mais je peux jouer sur le violon de Paganini ! Il ne faut donc pas s'approcher trop tôt de l'instrument, sinon le violon et le compositeur se mettraient à penser à votre place.

Je conseille toujours à mes étudiants de voyager, de lire, de visiter les musées, d'avoir l'œil et l'esprit en éveil. Ce sont la vie, le monde, les autres qui nourrissent de sensations la musique qu'ils vont jouer. Pour moi, plus que les sons que je tire de mon violon, c'est le sourire de mes enfants qui m'en donne l'intelligence.

Une autre particularité de mon enseignement, c'est que les cours sont toujours ouverts à l'ensemble du groupe. Pour moi, une classe de violon ressemble un peu à une équipe de chercheurs dans un hôpital. Ce brassage des individualités – le conservatoire de Lausanne est ouvert à des élèves de toutes nationalités – permet à chacun de bénéficier de l'énergie des autres. La différence des âges, provenances, cultures, langues, habitudes familiales devient alors un formidable facteur de stimulation pour tous. Je vois à longueur d'année se réunir les contraires, ainsi l'hyperorganisation des étudiants japonais ou la chaleur slave confrontées à la fantaisie latine.

Dans ma classe de dix élèves de haut niveau, par exemple, six étudiants sont des violonistes potentiellement professionnels. J'ai créé une Camerata de quatorze musiciens, avec six violons, trois altos, trois violoncelles, une contrebasse, un clavecin – la plus petite forme d'orchestre à cordes. Le plus jeune a dix-sept ans, la plus âgée n'a pas trente ans. Un échange en 2001 entre les conservatoires de Lausanne et de Lucerne – où j'ai joué avec mes huit meilleurs élèves – est à l'origine du projet et du déclic : je découvrais une manière nouvelle de lier les deux occupations de ma vie, l'enseignement et le concert.

Il est passionnant de voir se côtoyer dans cette aventure la solide et athlétique Marina de Saint-Pétersbourg, la fragile mais si efficace Yumi de Tokyo, le malicieux Konstantin et le charmeur Tashko de Bulgarie, le très sérieux et talentueux Félix de Munich, la joyeuse et rayonnante Suissesse Marie-Stéphanie – tout ce petit monde doucement mais fermement coordonné par la délicieuse Yuko.

Je joue déjà avec eux en public, et notre programme de concerts ne cesse de s'allonger, en Suisse comme à l'étranger, notamment au prestigieux Mozarteum de Salzbourg. Ils s'accoutument ainsi à la situation de concert, expérimentent cette solidarité qui est au cœur même de la notion d'ensemble : nous sommes comme des montagnards encordés; si l'un de nous chute – moi le premier –, il emmène tous les autres avec lui. Je profite de mes relations dans le monde de la musique pour leur mettre le pied à l'étrier. Comme la plupart sont issus de la même classe, les problèmes d'approche technique et mécanique de l'instrument sont résolus, et dès les premières notes sort un son qui me paraît être très exactement celui que nous recherchions pendant les cours. Ces concerts présentent aussi l'avantage de permettre à ces jeunes talents de commencer à se rendre indépendants financièrement. Ce sont les plus belles bourses qu'un étudiant puisse s'offrir. La ville de Lausanne, le canton, mais aussi les banques et certains organismes professionnels soutiennent volontiers ce genre d'initiative. Un premier CD a vu le jour avec une grande maison de disques japonaise, d'autres suivront.

J'aimerais ici évoquer la mémoire de Jean-Pascal Delamuraz, qui fut un grand président de la Confédération helvétique, un ami de la musique et un ami tout court. Cet homme chaleureux avait le sens de l'humour, ce qui n'est pas si fréquent chez les politiques. Il a voulu que je joue une sarabande de Bach, lors de ses obsèques à la cathédrale de Lausanne. C'est tout naturellement ensuite que Catherine, son épouse, est devenue la marraine de la Camerata de Lausanne.

Des musiciens venus de ma classe trouvent leur place dans de grands orchestres. Certains de mes élèves sont à l'Orchestre philharmonique de Berlin, à l'Orchestre national de Radio France, à l'Ensemble intercontemporain. D'autres se sont fait un nom comme solistes, tel Tedi Papavrami.

Soliste ou musicien d'orchestre ? La confrontation avec la réalité est parfois cruelle. Le talent ne suffit pas pour se lancer dans une carrière de concertiste, il y faut aussi une personnalité forte, un caractère bien trempé, une résistance à l'événement hors du commun. D'excellents musiciens ne supportent pas le stress inhérent à la vie de soliste, là où des gens doués d'une musicalité relativement moyenne parviennent à s'imposer et à se transcender en concert.

Ces choses-là se décident souvent tôt. Ainsi pour moi, il n'a jamais été question de devenir musicien d'orchestre, fût-ce dans une phalange prestigieuse. Individualiste comme je suis, je n'aurais pas pu me soumettre aux décisions musicales d'un autre. Même si je n'en suis pas le créateur, je n'ai jamais joué une note qui ne fût mienne.

Le rôle du professeur est de guider les élèves vers l'une ou l'autre de ces carrières, tout en sachant que l'erreur existe. Au départ, il y a une discussion de fond où j'essaie de comprendre pourquoi ils viennent me voir et ce qu'ils attendent de notre relation après deux, trois, quatre années d'apprentissage. Au fur et à mesure que le travail avance, on peut savoir, en général au bout d'un an, dans un premier temps si on a quelque chose à se dire, ensuite ce que l'étudiant va faire de ce qu'il est en train d'apprendre.

J'éprouve toujours – comme mes collègues : Gidon Kremer, Vladimir Spivakov, Yuri Bashmet – un grand plaisir à jouer avec des formations de jeunes. La frustration du musicien d'orchestre blanchi sous le harnais existe parfois sans être pour autant une donnée fondamentale de la vie musicale. Les instrumentistes que nous rencontrons ne sont pas tous blasés ni revenus de tout, et ne passent pas leur temps à critiquer le chef, le soliste, la salle. Mais reconnaissons que disparaît souvent l'enthousiasme vif et spontané.

Depuis plus de dix ans, l'Académie d'été de Lausanne met l'accent sur la sonate violon et piano. Le projet que nous avions lancé avec Micheline Lawton, mon amie de toujours, Nina Ricci et Alexis Weissenberg a trouvé son rythme de croisière. Pavel Gililov a pris la succession de Weissenberg, mais c'est toujours avec le même entrain que les jeunes musiciens tentés par le duo viennent, dans les derniers jours de juillet, s'installer pour une quinzaine à Lausanne. Bruno Canino sera à partir de l'été 2004, pour mon plus grand bonheur, mon nouveau partenaire. Français, Anglais, Allemands, Bulgares, Ukrainiens, Russes, Coréens, Japonais, Chinois, Américains et Suisses cohabitent joyeusement. Ils travaillent dans des conditions exceptionnelles, avec une salle de concert à disposition. Et pour les mélomanes de la ville, tout est public et offert.

Nous sommes plus que des professeurs : des passeurs. Si je peux tendre la main, comme Jascha Heifetz m'a tendu la sienne, je n'hésite jamais. La plupart des jeunes gens qui participent à ces académies ont choisi la voie la plus difficile. L'amour de la musique n'est pas malthusien : le club des concertistes internationaux est si petit que quand on découvre un jeune talent qui a les qualités pour y entrer, nous lui ouvrons spontanément la porte.

Il m'arrivait, des années après avoir quitté la Californie, de téléphoner à Jascha Heifetz pour prendre de ses nouvelles ou lui raconter des épisodes de ma carrière. Mais ayant coupé le cordon ombilical, je préférais ne pas conserver avec lui une attitude d'élève, et nous parlions de choses et d'autres comme le font deux collègues de générations différentes. L'une ou l'autre fois, cependant, je lui demandai conseil.

En 1978, la firme Erato me proposa d'enregistrer un disque Saint-Saëns, avec le troisième concerto, le *Rondo Capriccioso* et la *Havanaise*. Les deux premières pièces, je les maîtrisais pour les avoir souvent interprétées en concert. Pour la *Havanaise*, en revanche, une pièce très subtile, tout en finesse, j'avais des doutes. J'appelai donc Jascha Heifetz. Accepterait-il de me donner un cours sur la *Havanaise* de Saint-Saëns ?

Je le sentis hésitant au téléphone. Il était ravi de me revoir, mais était-ce bien raisonnable d'envisager une telle expédition ?

Il est vrai que c'était beaucoup de frais et de temps, mais le côté déraisonnable de ce voyage était précisément ce qui me le rendait désirable.

— Si tu y tiens, viens, finit-il par me dire.

Quelques jours plus tard, à l'heure dite – nous savons comme il aimait l'exactitude –, je sonnais à sa porte. J'étais très ému : cela faisait quelques années que je ne l'avais vu. Immédiatement, je sentis qu'il était arrivé quelque chose.

— Je n'ai pas osé te le dire au téléphone, mais le cours que je vais te donner ne sera pas comme les précédents, je ne peux plus jouer du violon.

Son bras droit l'avait abandonné. Une opération n'avait servi à rien, pas plus que les infiltrations.

— Je peux bouger le bras de gauche à droite, mais je ne peux plus le lever.

J'étais triste de le voir dans cet état. Il me dit :

— Allons, ne fais pas cette tête ! Tu es là, nous allons travailler la *Havanaise.*

Je jouai les premières mesures, il m'arrêta tout de suite.

— Ton problème est très simple. Ce qui te manque, c'est de n'avoir jamais dansé la havanaise avec une jolie femme de La Havane. Moi si !

Et il se mit à danser tout seul au milieu du salon, en fredonnant le thème de la *Havanaise* et en me montrant ce petit déhanchement de l'arrière-train sur le duolet, tout cela avec une grande distinction. Il dansait très bien, le déclic eut lieu, je compris sur quelles notes je devais appuyer et comment phraser. J'avais fait treize mille kilomètres et dépensé trois mille dollars pour une leçon qui avait duré dix minutes.

— Tu n'as pas besoin d'autre chose ?

— En ce moment, non.

Simplement, j'avais envie de l'entendre encore une fois. Je lui dis :

— Vous ne jouez plus parce que vous ne pouvez pas lever votre bras ; vous ne pouvez pas poser l'archet sur la corde de *sol* ni sur la corde de *ré*. Mais sur la corde de *la* et sur celle de *mi*, vous pouvez, et je suis sûr que vous essayez de temps en temps. D'ailleurs, l'étui de votre guarnerius est là, sur le piano.

Il eut un étrange sourire : treize mille kilomètres, tout de même ! Il s'approcha du piano. Il portait une chaîne en or, accrochée à son pantalon, avec la petite clef pour ouvrir la boîte de son violon qu'il verrouillait toujours. Jascha Heifetz était le seul violoniste au monde que je connaisse qui fermait à clef son étui à violon. Toutes les boîtes ont une serrure, mais personne ne s'en sert, sauf lui.

Il sortit le del gesù, le posa sur son épaule et, passant la première gamme qui débute sur la corde de *sol*, il commença tout de suite le thème dans l'aigu du violon, avec le bras le long du corps. C'était la même main gauche, le même vibrato, la même étincelante sonorité. C'était le grand Jascha Heifetz que j'avais toujours connu et que j'avais pour moi tout seul. Et je compris que lui aussi vivait ce moment très intensément.

J'eus alors une espèce de sixième sens, je m'approchai, me plaçai derrière lui, mis ma main sous son coude et jouai avec lui toute la *Havanaise*. Chaque fois que l'archet devait aller sur la corde de *ré*, sur la corde de *sol*, je soulevais doucement son bras, et il continuait de jouer. Nous avons joué les neuf minutes de la partition ensemble. À la fin, il me regarda avec des larmes dans les yeux, et m'entoura les épaules de son bras valide. Ce fut la dernière et la plus belle leçon : une leçon pour la vie.

Discographie

Enregistrements de Pierre Amoyal

ERATO

BACH	1979	*Concerto pour deux violons et cordes BWV 1043* Gérard Jarry, violon Orchestre de chambre Jean-François Paillard
BARTÓK	1989	*Portrait pour violon n° 1* Rotterdams Philharmonisch Orkest / James Conlon
BEETHOVEN	1979	*Triple concerto pour piano, violon et violoncelle op. 56* Anne Queffélec, piano Frédéric Lodéon, violoncelle Orchestre national de l'Opéra de Monte-Carlo / Armin Jordan
BRAHMS	1979	*Trio pour violon, cor et piano op. 40* Pierre Del Vescovo, cor Michel Dalberto, piano
BRUCH GLAZOUNOV	1979	*Concerto pour violon n° 1 op. 26* *Concerto pour violon op. 82* Royal Philharmonic Orchestra / Claudio Scimone

FAURÉ	1979	*Sonates pour violon et piano n° 1 op. 13, n° 2 op. 108* Anne Queffélec, piano
FRANCK	1986	*Sonate pour violon et piano* Mikhaïl Rudy, piano
GRIEG	1986	*Sonate pour violon et piano op. 45* Mikhaïl Rudy, piano
LALO	1973	*Symphonie espagnole op. 21* Orchestre national de l'Opéra de Monte-Carlo / Paul Paray
MENDELSSOHN	1973	*Concerto pour violon op. 64* Bamberger Symphoniker / Theodor Guschlbauer
MENDELSSOHN	1977	*Trios pour piano, violon, violoncelle op. 49, op. 66* Anne Queffélec, piano, Frédéric Lodéon, violoncelle
MOZART	1980	*Concertos pour violon n° 4 KV 218, n° 5 KV219* Orchestre de chambre de Lausanne / Armin Jordan
MOZART	1981	*Symphonie concertante pour violon et alto KV 364* Gérard Caussé, alto Orchestre de chambre de Lausanne / Armin Jordan
PROKOFIEV	1974	*Concertos pour violon n° 1 op. 19, n° 2 op. 63* Orchestre philharmonique de Strasbourg / Alain Lombard
RAVEL	1987	*Tzigane, Rhapsodie de concert* Orchestre de la Suisse Romande / Armin Jordan
SAINT-SAËNS	1978	*Concerto pour violon n° 3 op. 61, Havanaise op. 83* *Introduction* et *Rondo Capriccioso op. 28* New Philharmonia Orchestra / Vernon Handley

SCHOENBERG	1986	*Concerto pour violon op. 36* London Symphony Orchestra / Pierre Boulez
SIBELIUS	1981	*Concerto pour violon op. 47* *Six Humoresques op. 89* Philharmonia Orchestra / Charles Dutoit
SPOHR	1984	*Concerto pour violon n° 8 op. 47* *Symphonie concertante pour violon et harpe* Marielle Nordmann, harpe Orchestre de chambre de Lausanne / Armin Jordan
TARTINI	1976	*Concertos pour violon D. 56, D. 82, D. 48* I Solisti Veneti / Claudio Scimone
	1979	*Cinq sonates pour violon, violoncelle et clavecin* Susan Moses, violoncelle Edoardo Farina, clavecin
TCHAÏKOVSKI	1982	*Concerto pour violon op. 35* *Sérénade mélancolique op. 26* *valse scherzo op. 34* Philharmonia Orchestra / Charles Dutoit
TCHAÏKOVSKI	1983	*Trio op. 50 pour piano, violon et violoncelle* Pascal Rogé, piano Frédéric Lodéon, violoncelle

DECCA

BRAHMS	1991	*Trois sonates pour violon et piano, n°1 op. 78, n° 2 op. 100, n° 3 op. 108 et scherzo* Pascal Rogé, piano
CHAUSSON	1995	*Concert pour piano, violon et quatuor à cordes op. 21* Pascal Rogé, piano, Quatuor Ysaÿe
FRANCK	1995	*Sonate pour violon et piano* Pascal Rogé, piano

DUTILLEUX	1993	*L'Arbre des songes, concerto pour violon* Orchestre national de France / Charles Dutoit
FAURÉ	1994	*Œuvres complètes pour violon et piano* Pascal Rogé, piano
RESPIGHI SAINT-SAËNS	1995	*Concerto Gregoriano, Poema Autumnale* *Concerto n° 3* Orchestre national de France / Charles Dutoit

EMI

JANACEK	1996	*Sonate pour violon et piano* Mikhaïl Rudy, piano

RCA

SPOHR	1968	*Double quatuor op. 65* Jascha Heifetz, Israel Baker, Paul Rosenthal, violons Milton Thomas, Allan Harshman, altos Gregor Piatigorsky, Laurence Lesser, violoncelles

HARMONIA MUNDI

GRIEG	2000	*Trois sonates pour violon et piano,* *n° 1 op. 8, n° 2 op. 13, n° 3 op. 45* Frederic Chiu, piano
PROKOFIEV	1999	*Sonates pour violon n° 1 op. 80* *n° 2 op. 94* *Cinq mélodies*, marche de *L'Amour* *des trois oranges* Frederic Chiu, piano
BRAHMS	2002	*Trois sonates pour violon* *et piano, n° 1 op. 78, n° 2 op. 100,* *n° 3 op. 108 et scherzo* Frederic Chiu, piano

DISQUES OFFICE

ORIENT-EXPRESS	1999	Jael et Pierre Amoyal Thierry Châtelain, accordéon et piano Coline Pellaton, violon et voix

EUTERP MONTPELLIER

KOERING	2003	*Concerto pour violon, Allegria-Kochanski* Orchestre national de Montpellier / Friedemann Layer

CAMERATA TOKYO

SPOHR MENDELSSOHN	2003	*Double quatuor op. 65* *Octuor op. 20* Camerata de Lausanne Pierre Amoyal, Marina Yakovleva, Félix Froschhammer, Yuko Shimizu, violons Yumi Kubo, Robin Lemmel, Kana Matsui, altos Marie-Stéphanie Janacek, Konstantin Evtimov, violoncelles

Table

Cet ouvrage a été composé et imprimé par

FIRMIN DIDOT
GROUPE CPI

Mesnil-sur-l'Estrée

pour le compte des Éditions Robert Laffont
24, avenue Marceau, 75008 Paris
en septembre 2004

Imprimé en France
Dépôt légal : octobre 2004
N° d'édition : 42065/01 – N° d'impression : 67556